失落的幸福經典

影響千萬人的生命法則

佛羅倫絲·辛 著　賴佩霞 譯

The Game of Life and How to Play It

CONTENTS

CONTENTS

〈導讀〉

讓你找回力量的生命法則經典

李宜靜

一九二五年，佛羅倫絲・辛出版了《失落的幸福經典》這本激勵人心的書，她用清楚易懂的文字和許多實證小故事，緩緩道出宇宙眞理及簡單實用的方法。她在書的一開頭就點明整本書的重點，也就是生命的眞相：人生，不是一場戰鬥，而是一場遊戲。當一個人明白了這人生遊戲的規則，學會如何去玩這場遊戲時，整個生命的運作就變得易如反掌。

美國建國以來，人們長期受到傳統教會信念的影響，強調人有原罪，必須透過教堂或牧師才能與上帝（神）連結、溝通，才能被赦免而上天堂。在這樣沉重的宗教氛圍中，人心被壓抑，無法眞正伸展自己的力量及潛力，進而活出充實的生命。

但是在一九二〇到三〇年代，美國社會有了很大的改變，創造力彷如瞬間爆發，很多重要的發明紛紛出爐，包括第一部3D電影及第一部同步有聲電影的放映、電視機的前身和第一個機器人，林白也在此時成爲飛越大西洋的第一人，測謊機、液態燃料火箭、合成橡膠、尼龍、影印機、直升機相繼問世，以及影響美國文化甚鉅的文化復興也在紐約發生。

這些欣欣向榮的現象和美國轉變的關鍵，被歸功於當時幾位靈性思想上的先進導師，他們強調正面思考的力量，以及如何利用自己的思想，來創造自己的生命。這些導師包括佛羅倫絲・辛、詹姆士・艾倫（James Allen）、艾密特・福克斯（Emmett Fox），以及後來的諾曼・文生・皮爾（Norman Vincent Peale）等，後者甚至出現了以其爲名、提倡正面思想的教會。而佛羅倫絲是當時一位非常重要的精神導師，她激勵與安撫人心的思想教導，對於後來美國社會的富裕及邁向世界第一強國有深遠影響。

在這本《失落的幸福經典》裡，佛羅倫絲用非常清楚簡單的語言及方法，教導我們：

- 如何掌握這生命的遊戲。
- 如何創造生命的財富。
- 如何利用肯定聲明，發揮言語的力量，來導演自己的生命。
- 如何利用愛與寬恕，化解潛意識裡負面的信念及情緒。
- 如何學習愛、擁抱愛，最終找到生命的眞愛。
- 如何利用不抗拒法則，看穿所有負面的幻相，進而眞正體會到「生命只有眞善美」這個事實與眞理。
- 如何將大小困難（幻相）交出去，交給內在神性，也就是宇宙偉大的神性。
- 如何讓自己的潛意識（小我，或內在受傷的小孩）停止傷害自己，讓神來主導，彰顯神對我們最完美、幸福的設計。

·如何靜靜等待指示。

·如何與自己的超意識，也就是內在的神性連結。

·如何顯現神對我們的完美計畫，也就是內心對生命全然幸福的渴望。

這本書出版的因緣該是注定好了。在臺灣宣傳我的書《這樣呼吸效果驚人》時，有一次無意中向方智出版社的主編賴良珠提到這本書，談到它對整個美國社會近幾十年來在靈性方面的提升及正面肯定思想的發展具有開創性地位，例如路易絲·賀就是被這本書影響，而寫出在全球銷售數千萬本的暢銷書《創造生命的奇蹟》（*You Can Heal Your Life*），進而成立全世界最大的心靈出版社——賀房出版社（Hay House）。路易絲·賀在我學習愛自己的療癒過程中，有著重大的影響，所以對我來說，她就像我的老師之一。而當我看到佛羅倫絲的書時，驚喜地發現原來路易絲·賀自我身心療癒過程的整個思想架構及啓發，就來自《失落的幸福經典》，而她也公開地將自己的身心靈健康及財富的成就，歸於佛羅倫絲的教導。

在本書中，佛羅倫絲引用了許多《聖經》裡的智慧，包括新約、舊約，以及許多耶穌基督當年的教導與奇蹟的顯現。書中提到的這些眞理，對從小生長在臺灣虔誠佛教家庭的我來說，卻一點都不覺得有距離。長年旅居國外，在擔任聯合國非政府組織代表，或是在全世界教導不同種族的人如何透過療癒內在受傷的小孩，而重獲身心健康與幸福的生命時，我接觸並學習了許多不同的文化、宗教與哲學。這樣的經驗讓我了解到，原來不同的文化或宗教是以不同的說法，來談論或定義同一個概念——有人稱之爲老天爺，有人稱之爲上帝、神或阿拉，有人則稱之爲觀世音菩薩。而眞理與愛，無論在哪一種宗教，都是一樣的。

建議讀者在第一次看完之後，能夠多次回頭重讀本書，細細體會、推敲，仔細研究並思考書中的眞理，將自己對不同事物的想法寫下來，然後你會驚訝地發現，自己的潛意識，尤其是負面思想，是如何在引導你的生命。這些負面的想法就是佛羅倫絲在書中所提到，儲存在潛意識裡的不良紀錄，也就是一種舊習慣。而既然是習慣，就很容易改變，只要透過不斷地練習肯定聲明，大聲說出正面思想，同時釋放負面的情緒及記憶，慢慢把過去放下。漸漸地，我們會看到所有美好的事物在生命中顯現。所以，當我們說沒有信心時，其實還是有信心，只是我們把信心放在負面的結果上。因此我們可以練習，並養成習慣，將信心放在正面的結果上。每個人都有非常強大的力量，負面的思想創造出負面的生命，正面的思想則創造出正面的生命。這時，我們才真正深刻地了解到生命中真的只有「心想事成」這件事。

這本書雖然一九二五年就在美國出版，然而這次方智出版社決定推出這部經典作品的中文版，對我，或是對整個華人社會來說是很特別的。現今東方社會還存在著因果、罪孽的觀念，讓人變成宿命論者，人心被壓抑得透不過氣來，像螞蟻一樣辛苦、勞碌地過一生，或是將自己的力量交給外在——

上師、算命、不同的宗教、人際關係、感情、性，或是各式各樣的上癮症等等。然而，所謂的因果或罪孽，是可以用不同的角度來看待的。當我們觀看的角度改變，藉由寬恕與愛的力量化解，同時明白自己不是卑下、無力，而是與神處在同樣的地位，擁有同樣的力量。所以，不需要將自己的力量交給任何人，或是自身之外的任何力量，我們可以直接與神溝通，也就是直接與自己內在的神性、內在的力量連結。事實上，我們是自己生命的導演、主人，而不是被外界環境影響或控制的受害者。於是，當真正了解這遊戲規則時，就能找到自己的力量，與內在神性及大宇宙的力量結合，了解我們都是一體的、都是愛。這樣就可以創造出屬於自己的美好生命，然後像一隻大鵬鳥一樣，輕盈自在、優雅有力地展翅飛翔。

《聖經》裡有一句很重要的話：「知道你的身體就是神的廟宇，神的靈性就住在你的內在。」而且，耶穌在預感自己將離開，回到天上與天父在一起之前，不只一次告訴身旁的人：「這是眞的，這是眞的，我現在告訴你，相信我的人，所有我能做的事，你也能做，而且可以做得更好，更偉大。而我將回到我父那裡。」當我們相信耶穌基督，也就是相信內在神性，那麼，他彰顯的所有奇蹟，我們也能做，而且可以做得更好、更偉大。

我因爲審翻譯稿的關係，有幸將這本書細細讀了好幾次，同時與美國友人分析與分享耶穌、佛羅倫絲・辛及二十世紀初美國一些重要精神導師的智慧。當終於完成審稿時，我的內心充滿幸福、感動與力量。於是，我以感恩的心，爲這本書寫下導讀推薦文。我謹以個人的經驗及理解，與各位讀者分享，並感謝這眞理在我生命的這個時刻來到，彷彿爲我過去幾年的心靈療癒做個總結，讓我能拍拍自己的肩膀，告訴自己：「宜靜，妳做得很好。」同時讓我的思緒更加沉靜、清晰，知道自己的方向是正確的，而且生命是一場遊戲。生命眞的很簡單。

導讀及審訂者簡介

李宜靜，紐約大學媒體生態學碩士，曾在聯合國公共關係部門非政府組織擔任三年的執行委員及六年的聯合國代表。二〇〇八年九月被邀請至巴黎參加聯合國非政府組織大會，在巴黎市政府廣場的人權村演講，教導呼吸與靜坐。

過去二十多年來，李宜靜向幾位東、西方的靈性導師學習，奠定她了解身心靈整體關係的基礎。她結合佛學、印度阿育吠陀學、奇蹟課程及西方心理學，發展出一套獨特的課程，包含呼吸、靜坐、瑜伽、心理治療及互動過程，讓人可以釋放壓力，開放心靈來感受愛、喜悅與和平。二〇〇九年七月，她彙整多年的學習與研究心得，推出《這樣呼吸效果驚人》一書（方智出版），並於二〇一〇年更深入靈魂的療癒，而誠實寫出《愛與性的奇蹟課程》（方智出版）。

李宜靜部落格：www.breathofchange.com

〈譯者序〉

我一直在等待的書

賴佩霞

我擔任過很多演講和工作坊的英文口譯，譯書卻是第一次。當方智出版社告訴我，有位百年前的傳奇人物，她的書被美國最大的心靈出版社——賀房出版社——創辦人視爲聖經，而且書出版了近百年，至今仍然不斷爲人所傳頌，問我是否有興趣翻譯這部經典時，看了原文書稿，我非常驚豔。這薄薄的一本書，卻似乎道盡了我多年來的生活體悟和心靈上的學習精華，眞是充滿洞見，所以我很樂意服務喜愛閱讀的讀者們。

翻譯這本書的過程是一個很棒的體驗。由於是第一次譯書，每當翻完一個章節，我都會印出來請我先生幫忙看看，交換一下心得。他非常喜歡這本書的內容，時常跟我討論，不知不覺間，我們兩人都因這本書而有了奇妙的變化。例如在譯書期間，我先生有一次到北京出差，回程的班機延遲了快十二個小時，他卻快樂自在地在機場等候，而且與我連繫的簡訊中，沒有一絲的不耐和怒氣，這跟以往的他非常不同。看著周遭同機等候的乘客對手機那端的人發牢騷、抱怨，他很清楚這樣不僅浪費國際話費，而且這些抱怨對自己一點好處都沒有。

這書對我的影響就更深了，特別是在心境上的提醒。某天，我要到小巨蛋附近開會，出門前已經想好可以把車停在體育館，沒想到一不留神，竟然把車開過頭，直朝會議地點前去。在我的印象中，那裡停車不易，如果是平時的我在這樣的情況下，多半會嘟囔幾句，急忙尋路回轉。但當下我馬上意識到心念的重要，在還沒來得及指責自己大意之前，信任的帶領已經取而代之。當下我立即笑了起來，決定讓自己順流而行，同時相信神會爲我做最好的安排。就在這一刻，沒想到我居然在目的地旁的巷子裡找到了停車位——因爲學校改建，那裡出現一個全新的停車場。這正是作者在本書中所提到，不抗拒法則和言語的力量在我和我先生身上的運用和應驗。

本書一開始，作者就提到人生是一場想像力的遊戲，而不是一場辛苦的戰鬥，對此我深有同感。我喜歡拍照，喜歡透過鏡頭來欣賞兩個女兒及家人，所以多年來，我家有一面牆，貼滿家人愉悅笑臉的照片。這面牆天天提醒著我們，家庭是幸福的，人生是美好的，只要我們有如此感受，生活就會這樣展現。我的先生跟女兒，每天眞的快樂得不得了，偶爾因爲某些事煩心，貼心的女兒還會把我們拉到這面牆前，看看全家人幸福洋溢的模樣。剎那間，任何煩悶都能一掃而空，心情立刻轉化。是的，誠如作者所言，想像力是我們「心智的剪刀」，不斷修剪心裡看見的畫面，對我們的人生發揮極大的影響力。

有趣的是，我們的兩個女兒也開始注意起自己的說話方式。作者特別強調善用言語的重要，因爲我們說出口的話決定了自己的未來及命運。因此，如何使用言語便成了關鍵。這是多麼重要的教導與提醒，每個孩子、大人都應該清楚明白這個法則才行。我們經常聽到別人抱怨自己厄運連連，現在終於明白，原來就是因爲他們不停地抱怨，才會不斷吸引厄運纏身。如今，我的兩個女兒都非常有自覺，如果哪個家人不經意說出沒有建設性的話，馬上就會彼此互看一眼，隨即調整，立刻請求神或老天的寬恕，然後迅速補上正確、有益的句子。這一連串迅雷不及掩耳的自動反應，常逗得大家開心不已。

這是一本令人眼界大開的書。如果你渴望活出光采、璀璨的生命，不妨給這本書一個機會，打開自己的心，或許你會發現多年來的尋尋覓覓，在書裡已經有了篤定而智慧的答案。我喜歡作者援引了許多《聖經》的故事和句子，來闡釋生命法則，這讓我對神、對《聖經》有了更深的理解和更廣的詮釋。我愛這樣的神。

此書眞的讓我與神的關係更融合、更美滿。感謝作者傳承下來的智慧，更感謝出版社的引薦，讓我有機會翻譯這本書，這是我莫大的恩澤。我及我的家人都因本書而有了量子躍進似的改變，相信它也會爲你和你的家人帶來豐盛的禮物。

這眞的是一本重要的生命書！

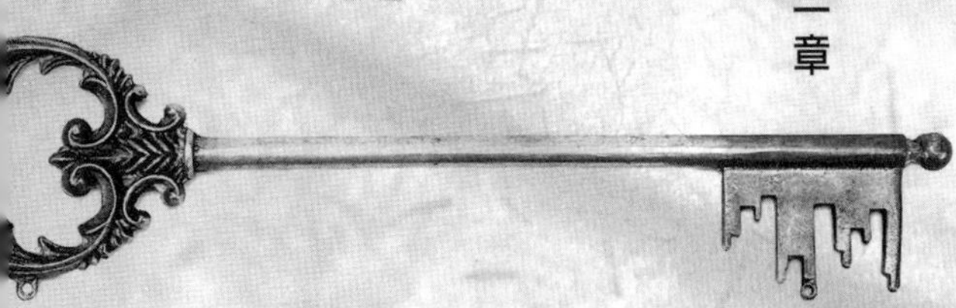

第一章

人生是一場偉大的遊戲

想要成功地玩這場人生遊戲，必須訓練自己的想像力。
一個受過想像力訓練、只想像美好事物的人，
他的每一個「正當的內心渴望」，都會在生活中實現。

大多數人認爲人生是一場戰鬥，但人生並不是戰鬥，而是一場遊戲。

在這場遊戲中，除非你理解靈性法則，否則不可能成功。《新約》及《舊約》給了這場遊戲非常清晰完整的規則——耶穌基督教導人們，這是一場關乎**付出與接受**的偉大遊戲。

「人種的是什麼，收的也是什麼。」①這表示，人的任何言行，終將受到同等的回報；給出什麼，便回收什麼。

如果給出恨，便會回收恨；如果給出愛，便會回收愛；一旦批評人，即受人評斷；一旦說了謊，就會遭欺騙；一旦行了詐，就會被欺詐。他還教導我們，想像力是這場人生遊戲的主導。

「你要守護你心（或想像力），勝過守護一切，因爲一生的果效，是由心發出。」②

這表示一個人所想像的，遲早會發生在他自己身上。我知道有個人很害怕某種疾病，這種病其實很罕見，也不容易罹患，但他卻持續想像這種疾病，並一直閱讀相關訊息，最後他終於得到這種病，並死於該病，成爲扭曲想像力之下的受害者。

因此我們明白了，想要成功地玩這場人生遊戲，必須訓練自己的想像力。一個受過想像力訓練、只想像美好事物的人，他的每一個「正當的內心渴望」——健康、財富、愛、友誼、完美的自我表現、最高理想——都會在生活中實現。

有人稱想像力爲「心智的剪刀」。日復一日，這把剪刀不停地修剪人心裡看到的畫面，而早晚有一天，這些由他自己創造出來的景象，就會在現實世界中實現。若想成功地訓練想像力，就必須了解心智是如何運作的，正如同希臘人所說的：「認識自己。」

心智分爲**潛意識**、**意識**及**超意識**三個區域。潛意識純屬力量，不具方向，就像蒸汽或電力一樣，接受引導行事，卻不具誘導能力。

任何強烈的感覺或清晰的影像，都會在潛意識留下印記，而潛意識也會鉅細靡遺地執行每一個細節。

舉例來說，我認識一位女士，她小時候總是「假裝」自己是個寡婦，並用黑色衣服及長面紗來「打扮」自己，大家都覺得她既聰明又有趣。長大之後，她嫁給了自己深愛的男人，但結婚不久，丈夫就過世了。此後許多年，她都穿著一身黑衣，且戴著長長的黑面紗。寡婦的影像深印在她的潛意識裡，時間到了就自動運作，就算會造成生命的災難，也毫不在乎。

心智的意識層面則被稱爲世俗意識或感官意識。這是人的頭腦，只看到世界的**表象**，只看到死亡、災難、疾病、貧窮和種種限制，並將這些烙印到潛意識裡。

超意識則是每個人的內在神性，也是完美構想的所在。

柏拉圖所說的「完美的典型」就在超意識裡，也就是**神聖設計**，因爲神對每個人都有一個神聖的設計。

「**有個部分除了你之外，沒有人能塡滿；那只有你才做得到，其他人無法達成。**」

超意識裡蘊藏著這項神聖設計的完美圖像，當這個圖像在意識中一閃而過時，通常會像個難以達成的理想——一種「令人難以置信的完美」。

實際上，那就是一個人**內在**的無限智慧讓他瞥見的天命（或人生目的）。

然而，許多人無視於自己的天命，卻拚了命去追求一些根本不屬於自己的事物或境遇，即使最後如願以償，也只會感到挫敗與失望。

例如，有位女士希望能嫁給她深愛的男士A．B，於是來找我，要我爲她「說肯定句」。

我回答，這樣會違反靈性法則，然而我會爲對的人選說肯定句，爲那位

「神所選擇」、屬於她的正確對象祈禱。

接著，我又說：「如果A．B是對的人選，妳就不可能失去他；如果他不是，妳也會遇到與他相當的男人。」她和A．B兩人雖然經常見面，卻一直止於朋友關係，沒有任何進展。某天傍晚，她打電話給我：「妳知道嗎？上個星期，我覺得A．B看起來似乎沒那麼棒了。」我回答：「也許他並不是神所選擇的人，正確對象可能另有其人。」不久之後，她遇到一位男士，對方對她一見鍾情，並且認爲她就是他的理想對象。事實上，這位男士所說的每一句話，都是她希望能從A．B口中聽到的。

她說：「眞是不可思議！」

她很快就跟這位男士交往，並對A．B完全失去興趣。

從這個例子可以看到取代法則：當對的取代錯的之後，就沒有失落或犧牲可言了。

耶穌基督說：「你們要先找祂的國和祂的義，這些東西都要交給你們了。」③他還說，這個王國就在每個人**心裡**。

這個王國就是神意（Right Ideas）的國度，或說是聖靈的安排。

耶穌基督教導世人，在這場人生遊戲裡，人的言語扮演了主要角色：「因爲要憑你的話定你爲義，也要憑你的話定你有罪。」④

很多人就因爲說了一些漫不經心的話，把自己送進災難裡。

有一位女士問過我，爲什麼她會落得如此窮困潦倒？過去她既富有，又住在豪宅裡，但我們發現她以前經常不想整理房子，還一再地說：「我討厭這些東西，眞希望我是住在拖車裡。」而且又加了一句：「我現在就住在拖車裡。」是她自己所說的話讓她最後住進拖車裡的。潛意識毫無幽默感可言，人經常隨口自我調侃，卻把自己帶進不幸的情境中。

還有個例子是，一位很有錢的女士經常打趣地說自己「已經準備好要住進救濟院了」。結果接下來短短幾年內，她就幾乎變得一貧如洗，因爲她早已將困頓與匱乏的意象烙印在潛意識裡。

幸好這法則是雙向的，匱乏的狀態可以被富足取代。

舉例來說，有位女士在炎炎夏日裡來找我進行「肯定聲明」，希望能夠致富。她看起來筋疲力竭、垂頭喪氣、灰頭土臉，說自己的全部家產只有八美元。我告訴她：「很好，我們就祝福這八塊錢，讓它們倍增，就如同耶穌基督讓餅和魚倍增那樣。」因爲他告訴我們，**每個人**都有祝福及倍增的能力，也都有療癒及富足的能力。

她問：「接下來，我該怎麼做？」

我答道：「跟隨妳的直覺。妳有沒有一種『預感』，覺得想做些什麼，或想去什麼地方？」直覺是有意義的，直覺就是內在的指導，是人們最正確的帶領，我會在後面的章節裡更詳細地說明直覺的法則。

這位女士回答：「我不知道——我好像有種『預感』，想要回家，我身上的錢剛好夠付車資。」她的家在遙遠的城市，那裡貧困落後，如果純粹用理性判斷，應該是要「留在紐約，找個工作賺錢」。我對她說：「那就回家去吧——千萬不要違反直覺。」我爲她說了以下的肯定句：「**無窮大能的聖靈，請開啓豐盛的道路——她是磁力強大的磁石，會吸引神賦予她權利所擁有的一切。**」我要她不斷重複這些話。之後，她便馬上啓程返鄉。

有一天，她去拜訪某位女士時，連繫上一位家族的老朋友，而透過這位朋友，她奇蹟般地獲得了數千美元。她常常對我說：「妳一定要將我來找妳時，身上只有八美元，卻憑著直覺行動的故事，告訴人們。」

人的生命道路總是富足的，但一切富足都必須透過人的渴望、信心或所說的話，才會顯化出來。耶穌基督很清楚地說，人必須跨出**第一步**。

「你們**要求**，就給你們；尋找，就尋見；叩門，就給你們開門。」⑤

《聖經》裡說：「關於經由我手的工作，你們可以命令我。」⑥

無限的智慧——神——隨時準備好要實現人們最微小或最偉大的要求。每一個渴望，無論有沒有說出口，都是要求。我們不時會因爲願望突然實現，而感到驚訝不已。

就像有一年復活節前，我看見花店的櫥窗裡擺了許多漂亮的玫瑰樹，便希望自己可以收到一棵。就在這一瞬間，我的腦海裡浮現有人把花送進我家的景象。

復活節那天，我眞的收到了一棵漂亮的玫瑰樹。第二天，我向好友道謝，並告訴她那正是我想要的。

結果她說：「我沒有送妳玫瑰樹，我送的是百合！」

原來是花店老闆送錯了，而他會誤將玫瑰送給我，只因爲我起心動念想著**我一定要玫瑰樹**。

在人與自己的最高理想，以及每個內心的渴求之間，除了懷疑和恐懼，沒有任何阻礙。只要可以「不帶憂慮」地祈禱，每一份渴望都會立即實現。

在後面的章節裡，我會更完整地說明這方面的科學原因，並解釋爲什麼必須將恐懼從意識中清除。恐懼是人類唯一的敵人——恐懼匱乏，恐懼失敗，恐懼生病，恐懼失去，還有**莫名的不安**。耶穌基督說：「你們這小信的人哪，爲什麼膽怯呢？」⑦於是，我們了解自己必須以信心取代恐懼，因爲恐懼只是倒置的信心：恐懼相信的是邪惡，而非美善。

看清楚人的美善、清除心裡一切與邪惡有關的影像，就是這場人生遊戲的主要目的。要做到這一點，必須將對美善事物的體認深深烙印在潛意識裡。有位事業非常成功的聰明男子告訴我，當他看見房間牆上的牌子所寫的字時，所有的恐懼突然全部消失了。那個牌子上斗大的字寫著：「**爲何擔憂？事情也許永遠不會發生**。」這些字印在他的潛意識裡，無法磨滅。如今，他堅信只有好事會來到他的生命裡，所以，只有**好事才會顯化**。

在下一章，我會提出幾個爲潛意識烙印的方法。潛意識是忠實的僕人，但我們一定要非常謹慎地給予正確的指示。人類一直有個沉默的傾聽者隨侍在旁——那就是我們的潛意識。

每個念頭、每句話，都深深印在潛意識中，並且被鉅細靡遺地執行著。就像歌手把聲音錄在靈敏度很高的碟片上，每個音符、每個聲調都被記錄下來，即使是咳嗽或遲疑，也不會遺漏。因此，讓我們粉碎潛意識裡所有我們不想再保留、老舊的、不好的經歷，重新建立美好的紀錄。

帶著力量和信心，大聲地說出下面這段話：「現在（用我說出口的話），我要粉碎、破除潛意識裡每一個不正確的紀錄。就讓它們塵歸塵、土歸土，回到原本的空無之中，因爲這些本來就是我自己虛構出來的。現在，我要透過內在的神性，在**健康**、**財富**、**愛及完美的自我表現**等層面，重新建立美好的紀錄。」這是生命最完美的彰顯，**遊戲完成**。

在接下來的幾個章節裡，我會說明人如何**透過改變言語來改變處境**。一個人若是不了解言語的力量，就落伍了。

「生死在舌頭的權下。」⑧

第二章

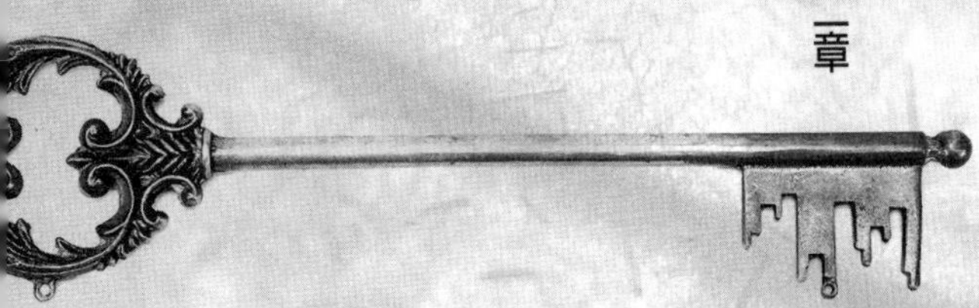

釋放屬於你的一切

——富裕法則

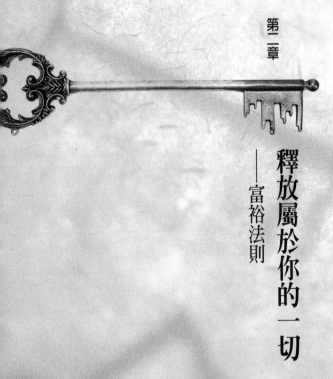

即使根本看不到絲毫可能實現的跡象，
人也必須爲自己所求的事做準備。

「全能者就必爲你守衛，確定你有足夠的寶銀。」①

《聖經》給人們最偉大的訊息之一，就是告訴人，神會提供一切，人只要**開口對神說話**，就能釋放出神賦予他權利所擁有的一切。可是，他必須**對自己說的話充滿無比的信心**。

以賽亞書說：「我口所出的話，絕不徒然返回，在我發它去成就的事上必然實現。」②現在我們都知道，言語和思想皆是強而有力的振動，時時刻刻塑造著人的身體及生命事件。

一位十分苦惱的女士來找我，說自己即將在這個月的十五號被控告求償三千美元。她知道自己說什麼也無法湊足這筆錢，感到相當絕望。我告訴她，**神是一切的供給者，任何要求都會得到回應**。

因此，我對神開口說話了！對於這位女士將在最恰當的時機，以正確的方式獲得三千美元，我表達謝意。然後我提醒她，不只要有完美的信心，還必須將**完美的信心**表現在行爲上。但是十五號的期限已到，仍不見金援。

她打電話問我該如何是好。

我回答：「今天是週六，不會有人控告妳。妳的責任是要表現出有錢的樣子，所以要對週一就能擁有金錢，表現出十足的信心。」她邀我共進午餐，爲她打氣。到了餐廳，我說：「現在不是節省的時候。點一客昂貴的午餐，要看起來一副妳已經擁有三千元的樣子。」

「你們禱告，無論要什麼，只要**信**，就必得著。」③於是我告訴她：「妳必須表現出**已經得到**的樣子。」第二天早上她打電話來，希望我白天可以陪她，我說：「不，妳有神的護持，神從來不遲到。」

到了傍晚她又打來，興奮地說：「親愛的，奇蹟發生了！今天早上我坐在房間裡，門鈴突然響了，我對佣人說：『別讓任何人進來！』佣人往窗外探了一眼說：『是妳那留著白鬍子的堂兄。』

「於是我說：『請他回來，我想見他。』那時他正轉過街角，聽到佣人出聲喚他，便轉身回來。

「我們聊了大約一個小時，當他正要離開時，說道：『噢，對了，妳的財務狀況還好吧？』

「我告訴他我需要三千美元，他說：『噢，親愛的，下個月一號我就把錢給妳。』

「我不想告訴他我將被控告的事。我該怎麼辦？錢要等到下個月一號才拿得到，但是我明天就需要啊。」

我說：「我會繼續爲妳說『肯定句』。」

接著我開口說道：「聖靈永遠不會遲到。我感謝她已經在無形之中收到了那筆錢，而且那筆錢會及時顯化在現實界。」

次日上午，她堂兄打電話給她：「妳早上來我辦公室一趟，我今天就把錢給妳。」當天下午，她就把三千美元存入銀行，並且趁著興奮之際，簽下了還錢的支票。

如果一個人想要成功，卻又爲自己可能會失敗做準備，最終他就會得到他所預備的結果。例如，一位男士來找我，希望我能開口向神說話，讓他還清一筆債務。

然而，我卻發現他一直在盤算著當他無法還債時，該如何應付債主，他的行爲大大抵銷了我所說的話。他應該要設想自己已經還清債務才對。

《聖經》裡有個類似的絕妙例子：沙漠裡有三位國王，面臨子民與馬匹缺水的狀況，於是他們去請教先知以利沙。先知給了令他們振奮的訊息：「因爲主如此說：你們雖不見風，不見雨，這谷必滿了水。」④

即使根本看不到絲毫可能實現的跡象，人也必須爲自己所求的事做準備。

這裡有個例子：有一位女士必須在紐約租屋短缺的時節，找間公寓住下來，而大家都認爲在這樣一屋難求的時候，幾乎不可能租到房子。她的朋友爲她感到難過：「眞糟糕！看來妳只好把家具存放到倉庫，去住旅館了。」她回答：「你們不需要爲我操心，我是超人，會找到公寓的。」

於是她開口對神說話：「**無窮大能的聖靈，請爲我開路，讓我找到符合我需求的公寓**。」她知道每個要求都會被應允，只要在靈性層次下功夫，她就是「不受限制的」，因爲「與神同在就會獲勝」。

當她想買新的毛毯時，「誘惑者」（也就是否決的念頭，或者稱爲理性的頭腦）建議說：「不要買毛毯，畢竟妳很可能找不到房子，根本用不著毯子。」她立即（對自己）說：「我就是要買毛毯！」因此，她繼續爲新公寓張羅一切——就像已經找到房子那麼篤定。

償。

最後，她奇蹟般地租到了房子，即使申請者有兩百多人，她依然如願以償。

毛毯事件展現出她積極的信心。

更不用說沙漠裡那三個國王所挖的壕溝，果眞溢滿了水⑤。

對一般人來說，要進入事物的靈性頻率並不容易。猜疑與恐懼這類負面思想，總會從潛意識裡洶湧而出，它們就像必須被驅散的「異形軍團」，這也是爲什麼通常「黎明前最黑暗」。

在偉大的事件要展現之前，總是會經歷諸多痛苦煎熬的思緒。

當一個人做出了至高的靈性眞理宣言，便會挑戰來自潛意識的舊信念，以暴露其中的錯誤；而錯誤一旦暴露出來，就會被消滅。

在這樣的時刻裡，人必須反覆地說出帶有眞理的肯定句，並歡慶及感謝他已經得到了。「他們尚未要求，我就應允。」⑥這意味著「各樣美善的事物和各樣全備的禮物」⑦早已就位，只等著人們確認它的存在。

人只能得到自己看得到的事物。

以色列的子民被教導，他們可以擁有一切他們看得到的土地。這項教導適用於每個人。一個人能擁有多少，取決於他內在願景的大小；任何偉大的作爲、卓越的成就，都是因爲對願景的堅持而得到實現。而且成功之前，通常都會經歷失敗與挫折。

當以色列的子民到達「應許之地」時，卻不敢進去，他們說那裡到處都是巨人，感覺自己像隻蚱蜢。「我們在那裡看見亞衲族人，就是偉人，據我們看，自己就如蚱蜢一樣。」⑧這似乎是每個人的寫照。

話雖如此，一個了解靈性法則的人是不會被表象所干擾，而且在「受困」時，依然能保持歡喜。也就是說，他能堅持願景，並對心願的達成表示感謝，感謝他已經得到了。

耶穌基督給了一個很好的例子，他對門徒說：「你們豈不說『到收割的時候，還有四個月』嗎？我告訴你們，舉目向田觀看，莊稼已經熟了，可以收割了。」⑨他清澈的洞察力看穿了「物質世界」，清楚看見四度空間的如實眞相——在神的意識裡，一切既完善又美滿。所以，人必須持續堅守最終的願景，並展現出一切俱足的姿態，無論是健康、愛情、物質、自我表現、家庭或朋友皆然。

一切早就完整了，而這些已經銘記在神聖意識（人自身的超意識）的完美構想，必須透過人自己表現出來，而不是靠外界賦予。例如，有位男士爲了事業來找我進行肯定聲明，他亟需在短時間內籌到五萬美元，以挽救事業。截止時間迫在眉睫，他看起來相當絕望，因爲沒有任何人願意投資他的公司，銀行也斷然拒絕貸款給他。我說：「我想你在銀行裡一定失去了理智，因而失去力量。如果你能先控制住自己，就能掌控所有局面。」

接著，我又對他說：「回銀行去，我會爲你說肯定句。」我是這樣說的：「你在愛中與每一位銀行員工的心靈融爲一體，就讓神聖意志來運作這件事。」

他答道：「女士，妳說的事情根本不可能發生。明天是星期六，銀行十二點關門，我的火車則要十點才到站，而明天就是最後期限，怎麼說他們都不會貸款給我的。一切都太遲了。」

我告訴他：「神不需要時間，而且永遠不會遲到。與祂同在，一切都有可能。」我又說：「我不懂做生意，但我對神完全了解。」

他對我說：「我坐在這裡聽妳講這些話，好像一切都沒問題，但只要一走出去，我就完蛋了。」

他住在偏遠的城市，接下來一個星期，他音訊全無。之後我收到他的來信，信上寫著：「妳說對了。我籌到了錢，而且再也不會質疑妳所教導的眞理了。」

幾個星期之後我見到他，問道：「究竟發生了什麼事？顯然你終究有了足夠的時間。」

他答道：「我的火車誤點，到銀行時已經十一點四十五分，但我沉穩地走進去說：『我是來申請貸款的。』他們什麼也沒問就通過了。」

他在最後的十五分鐘獲得貸款——無窮大能的聖靈是不會遲到的。在這個例子裡，這位男士無法獨自達成目標，他需要有人幫忙把持住這個願景——這就是我們可以爲他人做的事。

耶穌基督明白這個眞理，他說：「若是你們中間有兩個人在地上同心合意的求什麼事，我在天上的父必爲他們成全。」⑩當人們對自己個人的事情涉入太深，就會產生懷疑與畏懼。

而朋友或「治療師」之所以能夠清楚地看到成功、健康或富足，而且從不動搖，正是因爲他們沒有跟這個情境貼得太近。

要將這樣的道理「展現」給別人看，比用在自己身上容易多了。所以當你搖擺不定時，千萬不要遲疑，一定要尋求幫助。

一位對生命有敏銳觀察的人曾經說過：「一個人只要有人看到他的成功，他就不會失敗。」這就是願景的力量。許多偉人都將自己的成就歸功於妻子、姊妹或朋友，因爲這些人「相信他」，幫助他堅守著完美的願景，不受動搖。

第三章

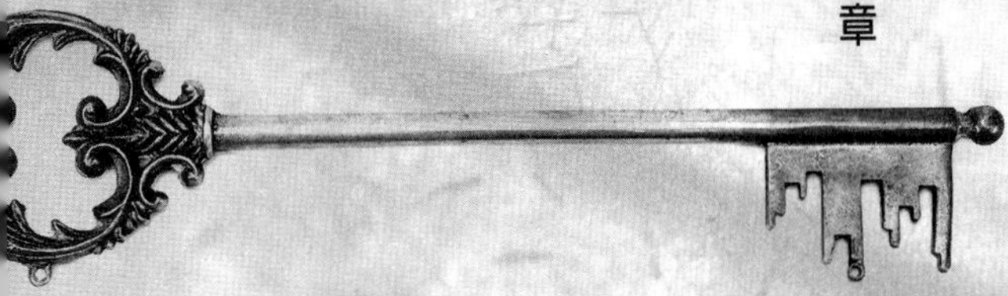

祝福別人，就是在祝福自己

——言語的力量

透過話語的振動力量，人說出什麼，就會吸引什麼。

「因爲要憑你的話定你爲義，也要憑你的話定你有罪。」

了解言語力量的人，會對自己所說的話非常小心。只要觀察言語所造成的反應，就會明白言語不會「空轉而回」。透過自己所說的話，每個人都在建立自己的法則。

我認識的一位男性朋友說道：「我老是錯過車子，每次我一到車站，車子就開走了。」

他的女兒卻說：「我每次都搭得到車子，我人一到，車子就來了。」多年以來都是如此。他們各自爲自己建立了不同的法則，一個是失敗的法則，另一個則是成功的法則。這就是迷信的心理學。

馬蹄鐵或兔腳這類物品沒有任何力量，是人們說出來的話，及相信這些東西會帶來好運，造就了潛意識裡的預期心理，才吸引「好運降臨」。但是我發現，當一個人在靈性上更加成長，了解更高法則之後，這些東西就不會「奏效」了。因爲人不會走回頭路，也必須消滅「偶像」。這裡有個例子：我的兩個學生幾個月以來事業都做得相當成功，但忽然間，一切卻「兵敗如山倒」。我們試著分析這個情形，結果我發現，他們不但沒有尋求神，肯定神爲他們的事業帶來財富及成就，反而各自買了一個「幸運猴」。我說：「噢，我明白了。你們選擇相信幸運猴，而不是相信神。

「把幸運猴拿走，然後召喚寬恕法則運作。」因爲人有能力原諒自己的錯誤，使錯誤失效。

他們決定把幸運猴丟到煤坑，隨後一切再度好轉。然而，這並不表示我們必須把每一個「幸運」物或馬蹄鐵之類的東西全部丟棄，只是我們必須認清楚，幸運物背後唯一的力量是「神」，幸運物只是讓我們有種預期運氣會變好的心理而已。

有一天，我跟一個情緒低落的朋友在一起。過馬路時，她撿到一個馬蹄鐵，那一刻，她充滿了希望與喜悅。她說神送她這個馬蹄鐵，是要幫助她增加勇氣。

馬蹄鐵是當時唯一可以讓她的意識再度充滿信心的東西。她的希望轉爲信心，最後，她彰顯了美好的成就。我想再度澄清，之前提到的那兩位男士，他們只信賴猴子會帶來好運，但這位女士卻清楚馬蹄鐵背後的力量。

就我自己的經驗來說，我知道要跳脫「某些事會帶來失望」的信念，需要一段時間。事情只要一發生，失望馬上跟著來。而我發現，唯一可以改變潛意識的方法，就是堅信「沒有兩種力量，只有一種力量，那就是神。因此，不會有失望，這件事的出現，代表著一種愉快的驚喜」。這麼想之後，我立刻注意到變化，愉快的驚喜也開始朝我而來。

我有個朋友，說什麼都不願意從梯子下面經過。我說：「妳如果害怕，就是相信了有善與惡兩種力量，而不是只有一種力量。但既然神是絕對的，就不會有對立的力量存在，除非人自己誤以為有邪惡存在。因此，為了表現出妳相信只有一種力量——也就是神——除此之外沒有惡的力量，邪惡也不存在，下一次當妳再看見梯子時，就從下面走過去。」

不久之後，她去銀行的金庫開保險箱，結果看到走道上有個梯子。假如不從梯子下面經過，根本不可能走到保險箱那裡，這讓她感到不寒而慄，便轉身離開，因為她無法面對走道上這頭獅子。但是，當她走到街上時，我的話在她耳畔響起，她決定回去，從梯子下面走過。這是她生命的重要時刻，畢竟這麼多年來，她對梯子的恐懼一直縈繞在心。然而，當她沿著原路走回金庫時，卻發現梯子不見了！這種事經常發生——人只要願意去做他一直害怕的事，反而就不需要去做了。

這就是不抵抗法則，可是很少人了解。

有人說，勇氣裡有創造力與奇蹟。只要無懼地面對，任何情勢都會迎刃而解，再怎麼沉重、困難，也會有如雲淡風輕。

上面的例子可以這樣解釋：是我朋友的恐懼將梯子吸引到她要經過的走道上，但無懼卻能將梯子移開。

因此我們可以看到，**無形的力量一直在爲人工作，但是在「幕後操縱」的卻是人自己，只是我們不知道而已。透過話語的振動力量，人說出什麼，就會吸引什麼；不停談論疾病的人，就會吸引疾病上身。**

了解眞相之後，人就會對自己所說的話非常謹愼。例如，我有個朋友常打電話來說：「妳一定要來找我，我們可以『像往日那般閒聊』。」他所謂的「像往日那般閒聊」，指的就是一小時裡講了近千次破壞性字眼，而且總是在失去、匱乏、失敗及病痛這些主題上打轉。

我告訴他：「不用了，謝謝！我這輩子已經有太多『往日那樣的閒聊』，而這些閒聊代價太高了。但我很樂於聊些新話題，聊一聊我們想要的，至於那些不想要的，就別再提了。」古人有云，人只敢爲三個意圖開口：療癒、祝福及成功。你怎麼說別人，別人就會怎麼說你；祝福別人，就是在祝福自己。

古諺有云：「咒罵別人，就會應驗在自己身上。」如果希望別人「倒楣」，必定會吸引霉運上身；如果願意幫助別人成功，就是在祝福及幫助自己有所成就。

透過言語及清晰的願景，身體將復原並轉變，疾病會從意識中完全消除。玄學家知道所有疾病都可以對應到心理層面，想要療癒身體，必須先「療癒靈魂」。

靈魂就是我們的潛意識，我們必須將它從錯誤的想法中「拯救」出來。《聖經》的〈詩篇〉第二十三篇提到「祂使我的靈魂甦醒」，這表示我們必須用正確的思想使潛意識或靈魂復元；而所謂的「神婚」，就是靈魂與聖靈的結合，或者說是潛意識與超意識的結合，這兩者必須合爲一體。當潛意識溢滿了超意識的完美構想，人與神就合一了。「我與父原爲一。」①這表示，人與完美構想的國度是合一的，人是上帝依照祂的模樣及形象（想像力）所創造出來的，而上帝也賦予人力量與治理權，去管理所有受造物，以及他自己的心智、身體及各項事物。

我們可以這樣說：所有的疾病與不幸，都是因爲違反了愛的法則。「我賜給你們一條新命令，乃是叫你們彼此相愛。」②在這場人生遊戲裡，愛或善意會戰勝一切。

例如我認識一位女士，多年來一直患有嚴重的皮膚病，醫生說那是不治之症，讓她非常絕望。她是個舞臺劇演員，非常害怕不久之後將會被迫離開舞臺，而她又沒有其他謀生能力。然而，當時她爭取到一個很好的表演機會，在首演當晚獲得了滿堂彩，備受恭維，佳評如潮，她既開心又得意。但是第二天，她竟然收到解聘通知，原來是某位男演員因為嫉妒她的成就，害她被解雇。她覺得自己像著了魔似地充滿憤怒與憎恨，最後她大聲地哭出來：「喔，神啊，不要讓我恨他。」當天晚上，她「在靜默中」如此祈求了好幾個小時。

她說：「沒多久，我就進入很深的寧靜裡，好像跟自己、跟那個男人、跟整個世界都可以和平共處了。我繼續這樣祈禱了兩個晚上，第三天，我發現自己的皮膚病完全痊癒了！」在要求愛或善的過程中，她實踐了愛的法則（「所以愛就完全了律法。」③），疾病（來自潛意識的憤怒）也就此消失了。

風濕病就是因為不斷的指責所造成的，因為批判、不和諧的念頭會造成血液裡不自然的沉澱，累積在關節裡。

不當的腫瘤則是由嫉妒、憎恨、不寬恕及恐懼所引起。每種疾病都源自內心的不安，我曾在課堂上說過：「我們不須問別人：『你怎麼了？』不妨直接問他：『是誰讓你不滿？』」不寬恕是引發疾病的主因，會使動脈或肝臟硬化，並影響到視力，以及其他數不清的疾病。

有一天，我打電話給一位女士，她說她因爲吃了壞掉的牡蠣，身體不舒服。我告訴她：「噢，不！牡蠣是無辜的，是妳讓它有毒的。妳怎麼了？」她回答：「噢，大概跟那十九個人有關吧。」她與當天在場的十九個人起了爭執，造成內在極度不和諧，因而吸引了腐壞的牡蠣。

任何外在的不協調，都指出內心的不和諧——存乎中，形於外。人唯一的敵人就在自己裡面。「人的仇敵就是自己家裡的人。」④當人類開始學習愛時，人最後要征服的敵人就是自己的性格。耶穌基督曾給我們這樣的訊息：「在地上平安歸與良善的人。」⑤因此，一個開悟的人會透過身邊的人，力圖使自身完美。他在自己身上努力，將善意與祝福送給每個人；而最不可思議的就是：被祝福的人，沒有力量傷害祝福他的人。

舉例來說，有位男士來找我，要我爲他說肯定句，讓他事業成功。他在販賣機器設備時，銷售會場出現一個競爭者，宣稱他的機器性能更好。這位男士開始擔心自己會失敗。

我說：「首先，我們必須消除所有恐懼，並明白神會保護你的利益，神聖的旨意將從這個情勢中產生。也就是說，會由適當的人，賣出適當的機器，給適當的客戶。」

接著我又說：「不要對那個競爭者有任何批評，隨時隨地祝福他，同時願意接受：除非出於神聖的旨意，否則寧可不賣出任何機器。」

於是，他到了會場，沒有恐懼、不做任何抵抗，還一直祝福那位男士。他說結果令人非常滿意——那位競爭者的機器無法運作，他不費吹灰之力便將機器順利賣出。

「只是我告訴你們，要愛你們的仇敵，爲那咒罵你們的祝福，爲那恨你們的服務，爲那利用你們、迫害你們的禱告。」⑥

善的意志會在散播善意的人身邊創造出強大的保護光環。「凡爲攻擊你而製造的武器，必不被使用。」⑦換句話說，愛與善會摧毀內在的敵人，因此，也就不會有外在敵人出現。

「傳送善意給別人的人，會爲自己創造一個和平的世界！」

第四章

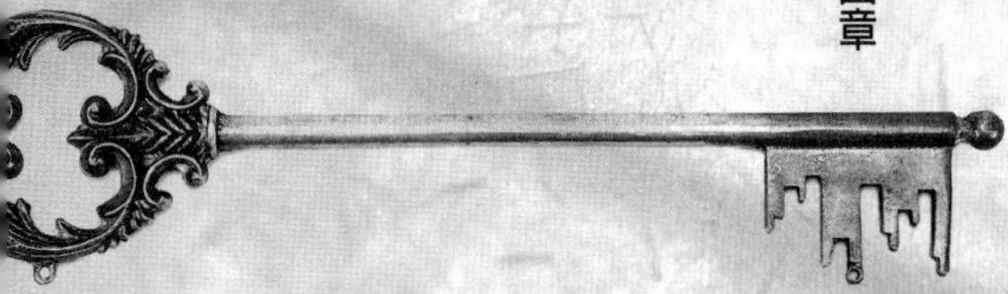

祝福你的敵人

——不抗拒法則

當一個人對不和諧的情境不起情緒反應時，
那種情境自然會從他的人生道路上永遠消失。

「不要抗拒邪惡。不要去征服邪惡，以善待之，自然會得勝。」①

世界上沒有任何事情抵擋得了一個完全不抗拒的人。

中國人稱：「上善若水。」因爲水是完全不抵抗的。水可以穿石，也能席捲一切。

耶穌基督說：「不要抗拒邪惡。」因爲他知道惡根本不存在，因此不須做任何抵抗。惡是來自「無謂的想像」，或是誤信了世上有善、惡兩種力量所致。

有個古老的故事說亞當和夏娃吃了「幻相之樹——馬雅」的果子之後，便看見兩種力量，而不再只看見神這個單一的力量。

因此，**惡是因爲人的心智處於昏迷狀態，靈魂陷入沉睡，而爲自己建構**

出來的錯誤法則。靈魂陷入沉睡，指的是靈魂被人類的信念（如罪惡、病痛及死亡等等）給催眠了，這些信念是世俗、致命的想法。一個人所發生的遭遇，即反映出他心中的這些幻相。

在前一章裡，我們了解到人的靈魂就是潛意識，任何深刻的感受，無論好壞，都會被潛意識這位忠實的僕人如實呈現出來。從一個人的身體狀態及遭遇，就可以看出他內心的想像——病人心裡想著疾病，窮人想著貧困，富人想著財富。

經常有人問：「爲什麼小孩會吸引疾病？那麼小的孩子哪裡知道疾病是什麼？」

我這麼回答：「小孩對於別人對他的想法都相當敏感，接收性很強，而且常常會將父母的恐懼表現出來。」

我聽一個玄學家這麼說過：「如果不管理你的潛意識，就會有人爲你代勞。」

如果一個母親一直抱持著恐懼的念頭，尋找孩子生病的徵兆，通常就會下意識地將疾病和災難吸引到孩子身上。

例如，我有個朋友問一個小女孩的母親：「孩子有沒有得過痲疹？」那位母親立刻答道：「還沒有！」她的回答顯示出她預期孩子會發病，因此，她等於是在預備迎接那些她與孩子都不希望發生的事情。

然而，一個人若能以正面的思想為中心，將生活建立在正面的思想上，並且只散發出善的意念給他人，沒有任何恐懼，他就**不會被別人的負面思想所影響，也不會受到動搖**。事實上，這麼一來，他就只會接收到好的念頭，就像他自己也只散發出善念一樣。

抗拒就是地獄，因為抗拒會讓人處於「苦惱不已的狀態」。

有一位玄學家告訴過我，要在人生遊戲中過關斬將，最厲害的訣竅就是什麼都不抗拒。他的做法是：「過去有段時間，我爲孩子們施洗、取教名，當然，他們有許多不同的名字。現在，我不再爲孩子施洗，卻會爲生命中發生的事施洗、取教名，而且我**爲每一件事取了同一個名字**——即使是失敗，我也會奉聖父、聖子、聖靈之名，爲它施洗，替它取名『成功』！」

在這個例子中，我們可以看到以不抗拒爲基礎的偉大蛻變定律。這位玄學家透過他說出的話，讓每一次失敗都變爲成功。

還有一個例子是，有位女士很需要錢，她雖然懂得財富的靈性法則，卻在事業上長期和一位讓她覺得自己很窮的男子共事。這名男子總是說自己很匱乏、沒有發展的空間，而她也開始受到這些貧窮思想的感染，所以愈來愈討厭他，並把自己的失敗怪罪到他身上。她知道爲了讓財務的供給源源不絕，她必須**先感覺自己已經擁有財富——必須先有富足的感覺，財富才會實現**。

有一天，她突然恍然大悟，發現自己在抗拒這整個情境，從她眼裡看到的是兩種力量，而非一種。因此，她祝福那名男子，並爲整個情境取名「成功」。她肯定地說：「既然只有一種力量，也就是神的力量，那麼這男子的存在就是對我有益、提供我富足的來源。」（即使眼前看來並非如此。）

在她這麼想之後不久，透過這名男子的介紹，她認識了一位女士。這位女士付給她數千美元作爲酬勞，而那名男子也搬到另一個遙遠的城市，平靜地從她生命裡消失。

所以，請說出以下的宣言：「每個人都是我利益鏈上的黃金環節。」因爲每個人都是神的顯現，**等待自己給自己機會，爲自己人生的神聖計畫服務**。

「祝福你的敵人，你就奪走了他的彈藥。」他的箭將會轉爲祝福。

這項法則不只對個人有用，對國家民族也一樣適用。祝福一個國家，將愛與善意傳送給每個人民，就會讓那個國家喪失傷害別人的能力。

人只有透過靈性上的領悟，才會明白不抗拒的眞諦。我的學生經常說：「我不要當門口的腳踏墊任人踐踏。」我回答：「當你運用智慧，行使不抗拒法則，就不會有人能將你踩在腳下。」

再舉個例子。有一天，我焦急地等待一通重要的電話，既不打電話，也拒絕接所有來電，就是怕占線，錯失我在等候的那通電話。

當時，我試圖靠自己來處理，而沒有將整個情境交到神的手中。我沒有說：「神聖的旨意從來不會互相牴觸，電話會在適當的時間打進來。」也沒有將一切留給無限的智慧去安排，而是把事情攬在自己身上，一直焦慮不安。

大約一個小時過去了，電話一直沒響。我望了電話一眼，才發現在這段時間裡，話筒根本沒掛好，電話線路也不通。我因爲焦慮、恐懼，深怕被其他來電占線，因此完全沒注意電話根本不通。察覺到自己的行爲之後，我立刻開始祝福這個情境，爲這個情境施洗，取名爲「成功」，並且重申：「神會保佑我不錯失任何該是我的電話。**我在恩典之下蒙恩，不是在律法之下。**」

我的朋友趕緊去找離我們最近的電話，好通知電信公司趕快修復。她進入一家擁擠的雜貨店，那老闆竟然把客人晾在一旁，親自幫我這位朋友打電話。線路很快就接通了，兩分鐘後，我接到一通很重要的來電；大約一個小時之後，也接到了那通等候已久的電話。

當海面平靜，船隊就駛進來了。

一個人所抗拒的境遇會一直跟著他，就算逃到天涯海角，那情境仍會緊追不捨。

例如有一天，我把這些話說給一位女士聽，她告訴我：「眞是這樣沒錯！我在家裡非常不快樂，我討厭我媽，她既挑剔又跋扈。我因此逃家，找個人嫁了——沒想到，我還是嫁給了我媽，因爲我丈夫跟我媽簡直就是一個模子印出來的。我得再次面對同樣的處境。」

「你同告你的對頭還在路上，就趕緊與他和解。」②意思就是，你要接受敵對的情境對你來說是件好事，不要受到干擾，那麼這樣的情境就會自動消失。「沒有任何事能影響我。」③是一句很棒的肯定聲明。

外在不協調，是來自於內在的不和諧。

當一個人對不和諧的情境不起情緒反應時，那種情境自然會從他的人生道路上永遠消失。

因此我們明白，每個人都應該要從自己身上下功夫。

常常有人對我說：「請為我的丈夫或兄弟說肯定句，以改變他們。」我會回答：「不，我要**為妳進行肯定聲明**，**改變妳**；當妳改變了，妳的丈夫及兄弟就改變了。」

我有個學生習慣撒謊，我告訴她，這很糟糕，因為她對別人說謊，別人也會騙她。她答道：「我不在乎，我不可能停止說謊。」

有一天，她正在和她深愛的男人講電話，轉頭對我說：「我才不相信他，我知道他在騙我。」我回她：「是啊，妳自己說謊，別人當然會騙妳，而且可以肯定的是，妳最希望他對妳說眞話的那個人，就偏偏會對妳說謊。」一段時間之後我再次見到她，她說：「我改掉說謊的毛病了。」我問：「什麼事情把你治好了？」她答道：「我跟一個比我過去更會說謊的女人住在一起！」

一個人會改正缺點，往往是因爲在別人身上看見自己犯了同樣的錯誤。生命像一面鏡子，我們在別人身上只會看到自己。

活在過去，不僅錯誤，也違反了靈性法則。

耶穌基督說：「注意了，接納當下的這個時刻，今天就是救贖的日子。」④羅得的妻子在後邊回頭一看，就變成了一根鹽柱⑤。

過去與未來是時間的強盜。人應該祝福過往，如果往事捆綁住你，就把它拋到腦後；也祝福未來，了解未來有著無限的喜悅。然而，人要全然地活在當下。

有位女士來找我，抱怨她沒錢買聖誕禮物。她說：「去年就不一樣了，那時我錢很多，可以送很棒的禮物，但今年我幾乎連一毛錢也沒有。」

我告訴她：「當妳唉聲嘆氣、活在過去，就永遠不會有錢。妳要全然地活在當下，並準備好將聖誕禮物送出去；當妳做好準備，錢就會進來了。」她興奮地說：「我知道該怎麼做了！我要買些緞帶、聖誕郵票及包裝紙。」我答道：「去做吧，禮物自然會出現，到時這些東西就能派上用場了。」

她的行爲也展現出對財務狀況沒有恐懼，並對神充滿信心，即使理智一定會說：「把每一分錢存起來，畢竟妳不確定什麼時候才會有錢進來。」

她去買了聖誕郵票、包裝紙及緞帶。就在聖誕節前幾天，她收到數百美元的現金禮物。買郵票和緞帶的行爲讓潛意識有種預期心理，也開啓了財富顯化的管道。而且，她還有充裕的時間去買所有的禮物。

人必須活在當下。

「好好活在今天，這就是在向黎明致敬！」⑥

人在靈性上必須非常敏銳，等待指引，善用每個機會。

有一天，我不斷在心裡默念：「無窮大能的聖靈，別讓我錯過任何機會。」當天晚上，我就接獲一項非常重要的訊息。

用肯定的言語開始每一天，是最要緊的事。早上一醒來，就立刻說出你的「肯定句」。

例如：「神聖的意志會在今天實踐！今天是圓滿的日子，我感謝這完美的一天，奇蹟會一個接一個發生，驚喜連連。」

養成這樣的習慣，你就會看見奇蹟與驚喜出現在你生命裡。

某天早上，我隨手拿起了一本書，在其中讀到：「帶著驚歎的眼光看待眼前的事物。」這似乎是我當天的訊息，所以，我一直重複這句話：「帶著驚歎的眼光看待眼前的事物。」

大約中午時分，我收到一大筆錢。我爲了某件事渴望這筆錢甚久。

在下一章，我會說明我發現的最有效肯定句。然而，除非某個肯定句完全符合自己的意識，也能說服自己，否則不要隨便使用。而且，肯定句通常因人而異。

舉例來說，以下這個肯定句曾經讓許多人受惠：

「我以好的方法，有好的工作；以好的服務，有好的收入。」

我把前面兩句說給一個學生聽，後面兩句是她自己加上的。

這幾句話是**最強而有力的宣言**，當一個人提供最好的服務時，當然應該得到最好的收入。這樣充滿節奏感的話語很容易滲入潛意識中，我那個學生四處大聲唱誦，沒多久，她就以美好的方式，找到美好的工作，並以美好的服務，擁有美好的收入。

我另外一個學生是個生意人，他將「工作」這兩個字改成「事業」。他複誦著：「我以好的方法，有好的事業；以好的服務，有好的收入。」當天下午，他就接到一筆四萬一千美元的生意，在這之前，他已經好幾個月沒有生意了。

每個肯定句都要謹慎用字，而且要能完全「涵蓋重點」。例如我認識一位女士，她很需要錢，便做出她需要工作的聲明。結果她的工作量變得相當大，收入卻少得可憐。所以，她現在會在原來的肯定句加上：「以好的服務，有好的收入。」

神賦予人富足的權利，是遠遠超過人所需要的！

「人的糧倉應當裝滿，杯子應當滿溢！」這是神對人的看法。如果一個人能破除意識裡的匱乏障礙，黃金年代將屬於他，他心裡的每個正當渴望都會實現。

第五章

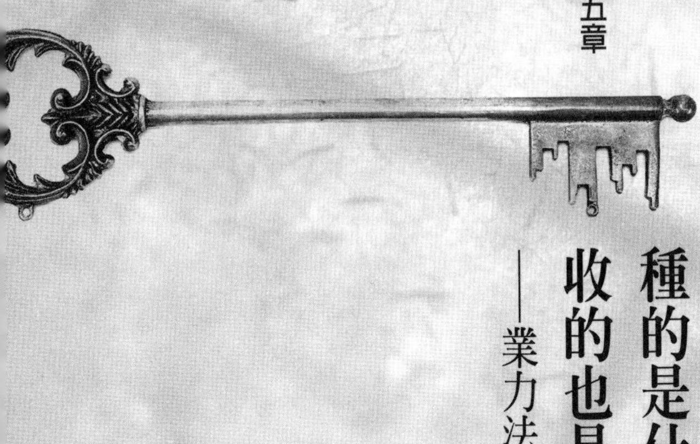

種的是什麼，收的也是什麼

——業力法則與寬恕法則

人的欲求具有極大的力量，
必須導往正確的方向，否則，混亂將接踵而來。

人只會收到自己給出去的。人生遊戲是一場有如迴力鏢般自作自受的遊戲，人的思想、言語和行爲，早晚會回到自己身上，精準得令人咋舌。

這就是業力法則，梵文稱之爲「因果循環」——「人種的是什麼，收的也是什麼。」

有個朋友告訴我一個故事，可以用來說明這項法則。她說：「我的業力跟我姑媽有關——只要我對她說了什麼話，就會有人也對我說同樣的話。例如我在家通常很容易煩躁，有一天吃晚飯時，姑媽跟我說話，我卻回她：**『別再講了，我想安靜地吃飯。』**

「第二天，我跟一位女士共進午餐，我非常希望博得她的好感。當我說得正起勁時，她卻對我說：**『別再講了，我想安靜地吃飯！』**」

我這位朋友的意識層次很高，所以她收到果報的速度比一般人快多了。

一個人懂得愈多，責任就愈大。一個了解靈性法則、卻不去實行的人，會因此蒙受極大的痛苦。「敬畏主是智慧的開端。」①如果把「主」（Lord）這個字換成「律法」（law），《聖經》裡的許多教導就會更清晰易懂。

「主（律法）說：『伸冤在我，我必報應。』」②是律法在執行報應的工作，而不是神。在神的眼裡，人是完美的，「神就照著自己的形象造人」③，而且讓人是「有能的、主治的」。

這就是神對人的完美構想，並且記錄在神聖意識裡，只等著人去辨認出來。因爲人只會成爲自己所能看見的樣子，只會擁有他所能看見的成就。

古諺有云：「少了觀眾，什麼事也不會發生。」

人們會在所想像的場景成眞之前，先看到自己的成功或失敗、喜悅或悲傷。從母親設想孩子生病的狀況，或是妻子預期丈夫的成功，都可以觀察到這一點。

耶穌基督說：「你們必曉得眞理，眞理必叫你們得以自由。」④

因此我們了解到，自由（也就是從各種不愉快的情境中解脫）是來自於知識——「靈性法則」的知識。

先服從，才得權柄；當人服從了律法，律法就會順服人。就像人必須先順從電力的法則，才能讓它爲人服務；若未具備電力相關知識，電力就會變成致命的殺手。**心智的法則也是一樣！**

就以一位意志堅定的女士爲例，她希望擁有某個熟人的房子，經常刻意想像自己住進那房子的情景。過了一段時間，屋主過世，她就搬了進去。幾年之後，她開始對靈性法則有所了解，便問我：「妳覺得原屋主的死，跟我有關嗎？」我回答：「有，妳的欲望如此強烈，事情就依照妳的意念發展了，但妳同時也付出了業力上的代價——妳深愛的丈夫在你們搬進去沒多久後就過世了，這麼多年來，妳所得到的，就是這棟大而無當的房子。」

無論如何，要是原屋主或她的丈夫對眞理抱持正向態度，就不會受到她念力的影響，但他們兩位還是無法擺脫業力法則。那位（對那幢房子有極大渴望的）女士應該這麼說：「無限的智慧，請提供適合我、跟這幢同樣迷人的房子，也就是**聖靈爲我準備的房子**。」

聖靈將會做出最令人滿意的選擇，而且這個選擇對大家都好。遵循聖靈是唯一安全的模式。

人的欲求具有極大的力量，必須導往正確的方向，否則，混亂將接踵而來。

這個例子告訴我們，最重要的是第一步，也就是要「**正確地要求**」。

人應該永遠只要求**聖靈爲他安排的事物**。

回到前面的例子，如果那位女士的態度是：「我喜愛的那棟房子如果該是我的，我就不會失去它；如果不是，請給我類似的房子。」假如那棟房子是聖靈爲她揀選的，原屋主可能會很自然地決定搬走，不然也會出現另外一棟房子。任何用個人意志勉強得來的東西，永遠都是一種「不正當所得」，甚至帶來「有害的成功」。

人們被告誡：「我的意志將行使，而不是你的。」有趣的是，當人眞的能放下個人意志時，反而能讓無限的智慧透過他來運作，並往往因此得到他所渴求的事物。

「要靜靜等待指示，看主（律法）爲你們施行拯救。」[5]

這裡有個例子。一位極度苦惱的女士來找我，因爲她女兒決意進行一趟非常危險的旅行，讓這位母親滿心恐懼。

她說她用盡各種方法，把旅途中會遭遇的危險告訴女兒，還嚴禁女兒出遊，結果只讓女兒變得愈來愈叛逆，旅行的心意更加堅決。我對這位母親說：「妳沒有權利將個人意志強加在女兒身上，妳對旅途的恐懼反而會讓這一切發生，因爲人就是會吸引他所害怕的事物。」

我又接著說：「放手吧，拿開妳心智的手，**將一切交託到神的手中**，並做出這樣的聲明：『我把這件事交到無限的愛與智慧手裡。如果這個行程是神的安排，我會給予祝福，不再阻擋；如果這並非神的安排，我感謝這件事就此化解，並消弭於無形。』」一、兩天之後，女兒對她說：「媽，我不去了。」整件事就回歸到「本來無一物」的狀態。

要學會「靜靜等待指示」，似乎非常困難，我在提到「不抗拒法則」那一章有更完整的說明。

我再舉一個十分不尋常的因果例子。

有位女士來找我說，她去銀行領錢，發現銀行給了她一張二十美元的僞鈔。這件事讓她心情很不好，因爲「銀行的人絕對不會承認他們所犯下的錯」。

我對她說：「我們來分析一下，看看妳爲什麼會吸引到這種事？」她想了幾分鐘後，驚訝地說：「我知道了！我跟朋友開了個玩笑，寄了不少玩具假鈔給他。」所以，律法就送她一些假鈔，它可不懂得什麼叫開玩笑。

我告訴她：「現在我們就召喚寬恕法則的幫助，以消弭這個狀況。」基督教是以寬恕法則爲基礎——基督將我們從業力法則的詛咒中解救出來。每個人的內在神性都是他的救主與救恩，會將人從所有不和諧的情境中拯救出來。

因此，我說：「無窮大能的聖靈，我們召喚寬恕法則，並感謝她受神的恩典看顧，而不是律法。她不會損失神賜予她的二十美元。」

「現在，」我說，「不要害怕，回銀行告訴他們，是他們錯把假鈔給了妳。」

她照做了。結果，她驚訝地發現銀行的人不但向她道歉，換了另外一張鈔票給她，還對她相當禮遇。

因此，了解靈性法則之後，人就有力量去「清除他的過錯」。

人無法強迫外在世界成爲他不是的樣子。如果渴望財富，就必須先意識到自己是富有的。

比方說，有一位女士來找我，要我爲她的財務狀況說肯定句。她不喜歡整理家務，家裡亂七八糟。

我告訴她：「想成爲有錢人，一定要條理分明。每個有錢人都是有條不紊的——井然有序是天堂的第一法則。」

接著我又說：「當妳的針墊上堆滿用過的火柴棒，亂七八糟的，妳就不可能變有錢。」

她聽懂我的幽默，馬上開始整頓，重新擺放家具，整理衣櫃，清潔地毯。很快地，她的財務狀況就有了重大改善——那是來自親戚的饋贈。這位女士自己也有了一百八十度的轉變，開始**隨時注意生活環境，並充滿豐盛的盼望，知道神會供應一切**，讓自己在財務上保持信心滿滿。

許多人不明白，任何物品與禮物都是投資，囤積東西或當個守財奴，反而會造成損失。

「有施散的，卻更增添；有吝惜過度的，反致窮乏。」[6]

我認識一位男士，他想買件皮外套，跟太太逛了好幾家店，都找不到喜歡的，他說那些看起來都太廉價了。最後，店員拿出一件價值一千美元的皮外套，因爲即將換季，經理願意以五百美元賣給他。

他當時所有的錢大約只有七百美元而已，理智的想法應該是：「你根本買不起，買了這件外套，錢就幾乎用光了。」但他順應直覺，不多加思索，轉身向妻子說：「如果買了這件外套，我一定會賺很多錢！」她的妻子不太情願地答應了。

過了一個月左右，他賺到一萬美元的佣金。那件外套讓他感覺非常富有，把他與成功及財富連結在一起；沒有那件外套，他不會賺到那筆佣金。這項投資爲他帶來豐碩的利潤！

人如果忽略這些支出或給予的相關線索，同樣的金額也會莫名其妙地不翼而飛。

例如，有位女士告訴我，她在感恩節當天告訴家人說，他們吃不起感恩節晚餐。她其實有錢，但她決定把錢存起來。

幾天之後，有人進到她房間，從抽屜裡拿走了一筆錢，金額就相當於那頓感恩節晚餐。

律法總是支持那些用錢明智、沒有恐懼的人。

再舉個例子。我的一個學生帶著小侄兒逛街，孩子吵著要買某樣玩具，但她跟侄兒說她買不起。

突然間，她發現這是種匱乏的想法，她沒有認定神會供應一切！

於是她買了侄兒想要的玩具，結果在回家的路上，她**撿到金額等同於那樣玩具的錢**。

當人全心信任時，將會有取之不盡，用之不竭的供給，不過在供給出現之前，一定要抱持信心或信任。

「照著你們的信心給你們成全了吧。」⑦

「信心就是所望之事的穩固基礎，是未見之事的確切證據。」⑧

信心會穩固我們的願景，與願景相反的影像則會煙消雲散，而且「若不灰心，到了時候就要收成」⑨。

耶穌基督帶來好消息（福音），他說有個比業力法則更高、超越業力法則的律法，那就是恩典法則，或者說寬恕法則。**恩典法則會讓人從因果法則——後果法則——中解脫**。「我們在恩典之下，不在律法之下。」⑩

這告訴了我們，在恩典的層次上，即使沒有種下同等的因，依然可以收成果，上帝的禮物就這麼自然地傾注給人。「一切王國的供給都是人的。」這種持續賜福的狀態，始終等候著那些能夠克服人類（世俗）思想的人。

世人總是認爲會有苦難，但耶穌基督說：「你們可以放心，我已經勝了世界。」⑪

世俗的思想充滿了罪、病痛與死亡。耶穌基督徹底看清這樣的幻相，告訴人們，疾病與痛苦將會消失，而死亡，這個最後的敵人，也將被克服。

現在，從科學的立場來看，我們知道只要在潛意識烙下永恆青春及永恆生命的堅定信念，死亡將被克服。

潛意識是不具方向的單純力量，只會**毫不遲疑地執行命令**。而在超意識（人的內在上帝或內在神性）的引導下，「肉身的復活」將會實現。

人死的時候將不會棄肉身而去，而是會蛻變爲如同美國詩人惠特曼（Walt Whitman）所歌頌的「電的身體」，因爲基督教是建立在對罪的寬恕和「一座空墓」上。

第六章

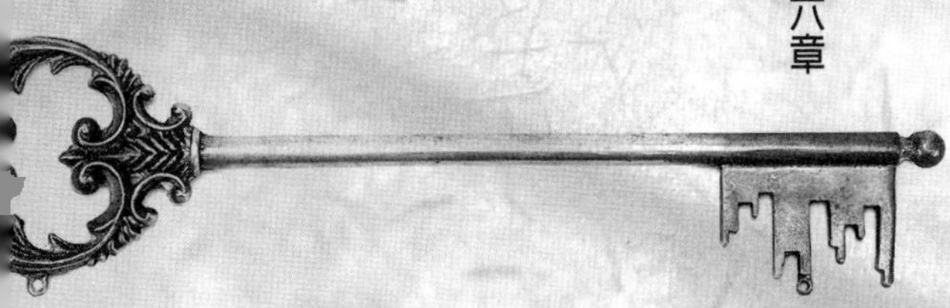

放下重擔

——在潛意識烙印

一旦「放下重擔」，會讓洞察力變得清晰，
感覺如釋重負，而美好的事物，遲早會在人生中顯現。

當一個人了解自己的力量及心智的運作方式之後，最大的渴望就是找到簡單又快速的方法，爲潛意識留下好的印記，因爲光是在理智上知道眞理，是無法在人生中看到成就的。

以我自己爲例，我發現最簡單的方法是「放下重擔」①。

一位玄學家曾經以這樣的方式說明：「自然界所有的重量都來自地心引力，如果能將重擔帶到遠高於地球的地方，這個重擔將失去重量；這也是耶穌基督所說的：『我的軛是輕鬆的，我的擔子是輕盈的。』②」

耶穌基督已經克服世俗的振動頻率，在第四次元裡運行，那裡只有完美、圓滿、生命及喜悅。

他說：「凡勞苦擔重擔的人，可以到我這裡來，我就使你們得以休息。」「你們當負我的軛，因爲我的軛是輕鬆的，我的擔子是輕盈的。」③

〈詩篇〉第五十五篇告訴我們：「你要把你的重擔卸給主。」④《聖經》裡有許多章節都提到，**征戰是屬於神**，不是屬於人，人永遠只要「**靜靜**

等待指示」，看見神的「救贖」。

這表示，超意識（或內在神性）才是爲人征戰、爲人卸除重擔的所在。

因此我們了解到，人若挑起重擔，就是違反了律法。重擔是有害的想法或狀態，這類想法或狀態都源自於潛意識。

想要靠意識或理智指揮潛意識，在人生中獲得成功，幾乎是不可能的，因爲理性的頭腦（理智）受限於各式各樣的概念，而且充滿懷疑與恐懼。

於是，將重擔交給超意識（或內在神性），是多麼合乎科學的做法啊。在超意識裡，重擔會變得「輕盈」，或是回到「本來無一物」的狀態。

有一位女士亟需用錢，便請內在神性（超意識）讓她的重擔變輕盈：「我把匱乏的重擔交給神（內在神性），我將會變得自在、富足。」

這位女士的重擔來自於她相信匱乏，而當她把這樣的重擔交給信任富足的超意識時，就會獲得源源不絕的供應。

《聖經》告訴我們：「你內在的神就是榮華的希望。」[5]

再舉一個例子。有人送我學生一架新鋼琴，但除非把舊鋼琴搬走，否則她的工作室裡擺不下另一架鋼琴。這件事讓她相當困擾，她希望保留舊鋼琴，卻又不知該放到哪裡去。新鋼琴就快送到了，她還是無計可施——事實上，新鋼琴已經在半路上了，但工作室還是挪不出任何空間。她說當時她突然反覆念誦：「我把這個重擔交給內在的神，我得自由。」

沒多久，電話響起，有個朋友問她是否願意出租舊鋼琴。就在新鋼琴送達前幾分鐘，舊的及時被搬走了。

我認識一位女士，她的重擔來自怨恨。許多年來，怨恨一直折磨著她，禁錮了她的靈魂（潛意識）。於是她說：「我把這個怨恨的重擔交給內在的神，我將得到自由，擁有愛、和諧與快樂。」全能的超意識將愛充滿整個潛意識，她的生命從此徹底轉變。

像這樣的聲明應該一次又一次地反覆念誦，有時要平靜且堅定地在心裡默念，或是出聲音念上幾個小時。

我常常拿手搖式留聲機來比喻——我們必須透過嘴裡說出的話語，讓自己轉動起來。

我發現，一旦「放下重擔」，很快地，人似乎就可以看得更清楚。當一個人身處世俗思想的痛苦中，不可能擁有清晰的洞察力。懷疑和恐懼會毒害心智與身體，想像力也會如脫韁野馬，胡思亂想，將疾病和災難吸引過來。

請持續且堅定地重申以下的肯定句：「我將重擔交給內在的神，我得到自由。」這樣會讓你的洞察力變得清晰，感覺如釋重負；而**美好的事物，無論是健康、快樂或富足，遲早都會在你的人生中顯現**。

有一次，我的學生要我解釋何謂「黎明前的黑暗」。我在第二章曾經提到，偉大的事件展現之前，一切好像都不對勁，意識裡充滿深沉的憂鬱。這表示，多年來累積在潛意識裡的懷疑與恐懼正在升起。這些塵封在潛意識的舊念頭浮出表面，**等著被瓦解**。

這時候人應該敲鑼打鼓，大肆慶祝。就像猶大國的君王約沙法，即使看似被敵人（匱乏或疾病）包圍，也感謝自己獲得拯救。

我的學生又問：「在黑暗裡要待多久呢？」我回答：「一直待到**在黑暗裡也看得見**。」還有，**「交付重擔後，人在黑暗裡才得以看見。」**

想在潛意識留下印記，積極的信心是絕對必要的。

「信心沒有行為也是死的。」⑥在這幾章裡，我一直強調這一點。

耶穌基督表現出積極的信心，在祝謝餅跟魚之前，「他就吩咐眾人坐在地上。」⑦

我要再舉個例子，讓大家知道這個步驟有多必要。事實上，積極的信心是通往應許之地的橋梁。

有位女士因爲誤會，而與深愛的丈夫分開。丈夫拒絕和解，說什麼都不肯跟她溝通。

這位女士在了解靈性法則之後，不去看表面上的分離狀態，而做出以下聲明：「在神聖意識裡沒有分裂，因此，我不會與聖靈應許給我的愛與伴侶分開。」

她表現出積極的信心，每天都在餐桌旁爲丈夫安排一個位子，讓潛意識烙印下他**已經回家**的畫面。一年多過去了，她從未動搖；**有一天，他再次走進家門**。

通常，我們可透過音樂在潛意識留下印記。音樂有第四次元的特質，能釋放受禁錮的靈魂；音樂使**美好的事物變成可能**，而且**不費吹灰之力就能達成**！

我有個朋友就因此每天播放音樂，讓自己進入一種完美的和諧狀態，釋放想像力。

另一位女士則是常常在說肯定句時婆娑起舞，音樂與舞蹈的韻律及和諧爲她的話語增添了無比的力量。

大家還必須謹記，千萬不可藐視「這日的事爲小」[8]。

在事件發生之前，一定會看到「陸地的跡象」。

哥倫布抵達美洲大陸之前，先看到小鳥與細枝，這顯示陸地已經不遠了。所以，在事件展現之前總會有跡象可循，但大家常常誤以爲這些跡象就是事件本身，而感到失望。

例如，有位女士說出肯定句，要求獲得一套餐盤。不久之後，朋友給了她一個有裂痕的舊盤子。

她來找我說：「妳看，我祈求一套餐盤，結果拿到一個破盤子。」

我答道：「這只是個徵兆，象徵妳想要的盤子快要出現了——就把這件事當作陸地出現之前的小鳥及海藻吧。」不久之後，她想要的餐盤果眞出現了。

要持續地「信以爲眞」，在潛意識裡留下印記。人一旦相信自己是富有、成功的，「到了時候就要收成」⑨。孩子總是「信以爲眞」，所以《聖經》說：「除非你們轉變，變得像個孩子一樣，否則進不了天國。」⑩

以我一位窮朋友爲例，她雖然沒什麼錢，卻沒有人能讓她**感覺自己很窮**。她從有錢的朋友那裡賺取微薄的收入，雖然那些朋友不斷提醒她：「妳很窮，要節儉、要存錢。」但是她沒把這些勸告放在心上，拿著賺來的錢去買帽子，或是親手做禮物送人，整日歡天喜地的。她總是想著漂亮衣服及「戒指之類的東西」，而且從來不羡慕別人。

她活在充滿驚喜的世界裡，對她來說，她眞的很富裕。不久之後，她嫁給一位富翁，戒指之類的東西唾手可得。我不知道她嫁的對象是不是「聖靈揀選的」，但財富果眞出現在她生命中，因爲她心裡只有富饒的畫面。

除非清除潛意識裡的所有恐懼，否則人不可能擁有平靜或快樂。恐懼是被誤導的能量，必須導正，並轉變爲信心。

耶穌基督說：「你們這小信的人哪，爲什麼膽怯呢？」又說：「在信的人，凡事都能。」[11]

我的學生常問我：「**我如何擺脫恐懼？**」

我會回答：「**迎向你所害怕的事物。**」

獅子是因爲你的恐懼才變得如此兇猛。走向獅子，牠就會消失；一旦逃跑，牠就會緊追不捨。

我在前面的章節裡提過，當一個人用錢無懼，那象徵匱乏的獅子就會消失。因此只要展現出相信神會供應一切的信心，就不會落空。

我有許多學生就是透過放下用錢的恐懼，不僅從貧窮中脫困，而且變得富有。因爲潛意識被烙下「**神是給予者，也是禮物**」的眞理，所以，當一個人和給予者合一時，就是和禮物合一了。這裡有個很棒的聲明：「我現在感謝神這位給予者，因爲神就是禮物。」

長久以來，人因爲分離及匱乏的念頭，總與美好及財富無緣。有時就是要動用炸藥，才能將這些錯誤的想法從潛意識中驅散。所謂炸藥，指的就是一些重大事件。

從前面的例子我們可以看到，一個人要如何藉由**表現出無懼**，而從桎梏中解脫。

人應該每小時檢視自己的行事動機，看看到底是出於恐懼或信心。

「今日就可以選擇所要事奉的」⑫，是恐懼，還是信心。

也許你對某種個性的人心生恐懼，若是如此，就不要躲避你害怕的那種人。當你愉快地面對他們，你可能會發現這些人就是你「利益鏈上的黃金環節」，或者，他們會從你生命中平靜地消失。

也許你畏懼的是疾病或病菌，那就該大膽地待在充滿細菌的環境中，不爲所動。這麼一來，就能免疫。

人只有在振動頻率與細菌一樣時，才會受到感染，而恐懼就是會把人拉低到跟病菌一樣的層次。當然，那些藉由細菌感染的疾病是世俗意識所造成的結果，因爲所有念頭都會成爲現實。細菌並不存在超意識或神聖意識裡，所以，它們是「無謂想像」下的產品。

當一個人領悟到**邪惡根本沒有力量**，「眨眼之間」，就得自由。

物質的世界將消失無形，而第四次元世界——「不可思議的驚奇世界」——自然會顯現。

「我看見新的天堂、新的地球，不再有死亡，也不再有悲哀、哭號、疼痛，因爲以前的事都過去了。」⑬

第七章

宇宙中最強的磁力

——愛的法則

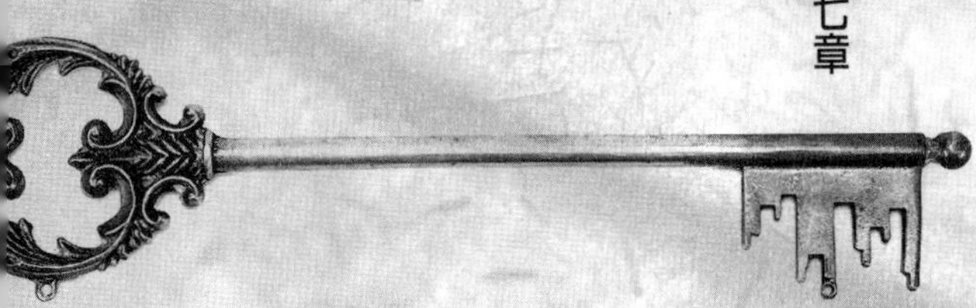

完美的愛沒有恐懼，懼怕的人沒有完美的愛。

地球上的每一個人都剛開始在學習愛。「我賜給你們一條新命令，乃是叫你們彼此相愛。」鄔斯賓斯基[1]在《第三工具》（*Tertium Organum*）裡說過「愛是宇宙現象」，爲人類打開了第四次元，進入一個「不可思議的驚奇世界」。

眞愛是無私、無懼的，它會將自己傾注在所愛的對象上，不求回報，因爲眞愛的喜悅就是來自付出。愛是神的顯現，也是宇宙中最強大的磁力，因此純潔無私的愛會**回到付出者自己身上**，無須追尋或強求。但了解眞愛的人，寥寥無幾。人類的愛既自私、專橫，又患得患失，因此才會失去所愛。嫉妒是愛最大的敵人，看見愛人被別人吸引，想像力就有如脫韁野馬，這些翻攪不已的思緒若不平復，恐懼必然成眞。

例如，有一位深陷痛苦的女士來找我，她所愛的男人爲了其他女人離開她，還說他從沒想過要娶她。她深受嫉妒與怨恨折磨，希望那個男人像她一樣受苦，還問：「我這麼愛他，他怎麼可以離開我？」

我回答：「妳根本不愛那個男人，妳恨他。」

接著，我又繼續說道：「**妳不可能得到妳未曾付出過的**，**給予完美、全然的愛**，**就會回收全然的愛**。所以，透過他，讓妳自己變完美；給他完美、**無私**的愛，不求任何回報，不要批評或責備，**無論他在哪裡**，**都祝福他**。」

她答道：「不，除非知道他在哪裡，否則我才不要祝福他！」

「喔，」我說，「這根本不是眞愛。

「當妳**付出眞愛**，眞愛就會回到妳身上，這份愛也許是來自這個男人，或者另一個男人。但如果這個人不是聖靈所揀選的，妳也不會要他；當妳與神同在，就會與聖靈爲妳揀選的愛人同在。」

幾個月過去了，情況沒什麼改善，但她持續認眞地在自己身上下功夫。

我說：「當妳不再受對方的冷酷所影響，他就不會再那麼殘酷了，因爲這都是妳的情緒吸引來的。」

然後，我告訴她印度人社交的問候方式。他們不互道「早安」，而是說：「**我向你內在的神性致敬**。」他們向每個人的內在神性致敬，對叢林中的野生動物也是如此，所以從未受到傷害，因爲**不管在哪一種生物身上，他們看到的都是神**。我對她說：「向那個男人的神性致敬，然後說：『我只看到你的神性。我以神看你的眼光看你，你是以祂的形象與樣式造出來的，你是完美的。』」

她發現自己愈來愈沉著、鎮靜，忿恨也逐漸消失了。

那男人是個船長，她一直稱呼他「頭頭」。有一天，她忽然說出：「**無論頭頭在哪裡，請神祝福他**。」

我告訴她：「現在，這才是眞愛。當妳自身就是『圓滿』的，不被這個狀況干擾時，妳就能得到他的愛，或吸引另一個愛妳的人。」

那一陣子我正在搬家，沒有安裝電話，所以有幾個星期沒有跟她連絡。某天早上，我收到一封信，上面寫著：「我們結婚了。」

我一找到機會就趕緊打電話給她，劈頭就問：「怎麼回事？」

「噢，」她興奮地說：「眞是奇蹟！有一天早上我醒來，一切痛苦都消失了。那天傍晚我見到他，他跟我求婚，然後一星期之內，我們就結婚了。我從來沒見過像他那樣全心全意愛我的男人。」

有一句老話是這樣說的：「**沒有人是你的敵人，沒有人是你的朋友，每個人都是你的老師。**」

因此人要客觀一些，學習每個人所帶來的教導；一旦學會，你就自由了。

這位女士的愛人教她的是無私的愛，這也是每個人遲早都必須學習的。

人不須藉由痛苦成長，痛苦是違反靈性法則的結果，但似乎很少人可以不經歷受苦，就從「靈魂的昏睡」中甦醒過來。當人快樂時，通常會變得自私，然後業力法則自然開始運作。人通常是因為缺乏感恩，才會嘗到失落之苦。

我認識一位女士，她有個很好的丈夫，她卻常說：「我根本不在乎婚姻，但這跟我先生無關，我只是對婚姻生活不感興趣而已。」

她的興趣非常廣泛，忙到幾乎忘記她先生的存在，只有看到他的時候才會想起他來。有一天，她先生說他已另結新歡，便離開了她。她既懊惱又憤怒地跑來找我。

我說：「這正應驗了妳自己說過的話。妳說妳根本不在乎婚姻，所以潛意識就自行運作，讓妳離開婚姻。」

她說：「噢，我懂了，這就是心想事成，但我也因此受傷很深。」

沒多久，她回復平靜，也了解到，分手之後她與丈夫兩人都更加快樂了。

當一個女人變得冷漠或挑剔，不再鼓舞丈夫時，她的另一半會懷念先前兩人之間的激情，也會覺得煩躁、不快樂。

一個可憐的男人來找我，他的情況很悲慘，整個人相當沮喪。他的妻子對「生命靈數」很感興趣，並要他閱讀相關書籍。從他說的情況聽起來，那些內容對他不利，因為他說：「我太太說我這一生都不會有什麼成就了，因為我的生命數字是二。」

我告訴他：「我不管你的生命靈數是多少，在神的意識裡，你是完美的。無限的智慧**早已為你預備好**成功與財富，現在讓我們來開口向祂要求。」

過了幾個星期，他得到一份很好的工作；一、兩年後，他成為一位才華洋溢的成功作家。

一個人除非熱愛他的工作，否則不可能成功。當畫家帶著對藝術的熱愛作畫時，就會創作出偉大的作品，而一個鬻文爲生的人卻總是活在追悔之中。

人若鄙視金錢，就不可能吸引到金錢。很多一生窮困的人嘴裡經常說：「我視金錢如敝屣，我鄙視那些有錢人。」

這就是許多藝術家一生潦倒的原因。他們藐視金錢，因此與金錢無緣。

我記得有一位藝術家，他在提起另外一位藝術家時說：「這個人的銀行帳戶裡有存款，所以不是個好藝術家。」

這種心態當然會阻斷上天對他源源不絕的供應；人必須跟事物保持和諧的關係，才能吸引事物到來。

錢是神的顯化，能讓人從渴求與困頓中解脫，但是人必須正確地使用金錢，並讓金錢保持流通。積聚儉嗇將引來無情的報復。

然而，這並不表示人不應該擁有房地產、股票或債券，因爲「正直的人，糧倉必然豐盛」。前一段話的意思是，當需要用到金錢時，連本金都應該捨出去。愉悅且無懼地支出，將會打開財源廣進的通道，因爲神是取之不竭、用之不盡的供應來源。

這是對金錢的靈性態度，而且宇宙銀行永遠不會倒閉。

從電影《貪婪》（*Greed*）裡，就能清楚看到守財的例子。有一位女士贏得五千美元的樂透彩，她沒把這筆錢拿出來花用，而是存了起來，即使丈夫挨餓受苦也不以爲意，最後她落得以清洗地板爲生。

她對錢本身的愛超過任何事物。某天晚上，她遭人謀殺，錢被拿走了。

這個例子說明了「愛財爲萬惡之本」。金錢本身是良善、有益的，但如果用在具有破壞性的事情上，或是積聚儉嗇，或是把錢看得比愛更重要，就會引來疾病與災難，錢也會跟著流失。

走在愛的道路上，一切都將加諸於你，因爲**神是愛**，**神會供應一切**；如果走在自私與貪婪的道路上，你就得不到供應，或是與錢財無緣。

例如，我認識一位相當有錢的女士，她把錢抓得緊緊的，很少送東西給別人，只是不停地爲自己添購各項物品。

她很喜歡項鍊，有朋友問過她到底有多少條鍊子，她回答：「六十七條。」她買下來之後，就用細緻的絹紙小心翼翼地包好，收藏起來。如果她能好好使用這些項鍊，就符合律法，但她違反了「善用法則」。她的衣櫃裝滿不曾穿過的衣服，以及從不見天日的珠寶。

因爲對財物緊抓不放，她的一雙手臂逐漸癱瘓，最後因爲無法照顧這些財產，而必須將一切交由別人代爲管理。

由此可見，人對律法的無知，會爲自己招來災難。

所有疾病與不幸，都是因爲違反了愛的法則。一個人投出去的恨、憤怒與批評，會隨著疾病與悲傷，回到自己身上。愛似乎是一門逐漸消失的藝術，但了解靈性法則的人知道，我們必須重拾愛的藝術，因為沒有愛，我們就會成爲「鳴的鑼，響的鈸」②。

以我的一個學生爲例，她每個月都會來找我，清除意識裡的憤怒。一段時日之後，她僅剩下對某個女人的怨懟，但光是這一個就夠她忙的了。漸漸地，她變得愈來愈穩定、和諧，直到有一天，她心裡所有的憤怒都消失了。

她容光煥發地走進我家，滿心驚喜地說：「妳無法想像我的感覺！當那個女人又對我說些不中聽的話，我不但沒有生氣，反而很溫和、友善。結果她向我道歉，而且對我非常好。我心裡感到無與倫比地輕盈，這眞是沒人能懂的感受啊！」

在工作上，愛與善念非常重要。

一位女士對她的老闆有滿腹牢騷，說她的老闆既冷酷又挑剔，而且根本不想讓她繼續擔任這項職務。

她。」

「那麼，」我說，「妳就向那個女人的內在神性致敬，並將愛傳送給她。」

她說：「我做不到，她是個如大理石般冰冷的女人。」

我答道：「妳還記得有位雕刻家向別人要大理石的故事嗎？當別人問他要那塊大理石做什麼時，他回答：『因爲那塊大理石裡藏著一位天使。』後來他將大理石雕成一件偉大的藝術品。」

她說：「很好，我會試試看。」一個星期後，她回來找我，說道：「我照妳的話做了。現在她對我非常好，還開車載我出去。」

有時候，人會因爲多年前曾對某人不夠友善，而心懷愧疚。

如果當時所犯的錯，如今無法彌補，可以透過**當下**對其他人行善而得到化解。

「我只有一件事，就是忘記背後，努力面前的。」③

悲傷、懊悔與自責會破壞身體細胞，讓一個人魅力盡失。

有位極度哀傷的女士對我說：「請讓我變得喜悅、快樂，因爲我心中的哀傷，讓我在與家人相處時感到煩躁，創造更多惡業。」

還有一位因女兒的死而哀痛的女士請我爲她進行肯定聲明。當我否定了所有與失落及分離有關的信念，確認神是她的喜悅、愛與平靜的那一刻，這位女士就鎮定下來了。可是，她請兒子帶話給我，要我不必再幫她說任何肯定句了，因爲她「非常快樂，但這對一個失去子女的母親來說似乎是不得體的」。

所以，「凡人的心智」酷愛緊抓著傷痛與懊悔不放。

我認識一位女士，她到處吹噓自己遭遇到的困難有多大。想當然耳，這樣她就永遠都有事情可以誇口了。

過去大家總認爲，一個母親若不操心自己的孩子，就不是個好母親。現在我們知道，孩子生命裡所發生的許多病痛與意外，都跟母親的恐懼有關。母親的恐懼讓孩子生病或發生意外的畫面變得鮮明、生動，這些畫面如果持續存在，有朝一日就會變成具體的事實。

快樂的母親可以由衷地說她把孩子交到神的手中，她**知道**這麼一來，孩子就會受到聖靈的保護。

我知道一個例子。有位女士半夜突然醒來，感覺到她的弟弟即將遭受極大的危險。她並未因此陷入恐慌，而是開始宣告眞理：「神聖意識裡有神對人的完美構想，人永遠都會身處正確的地方。因此，我的弟弟會在正確的地方受到聖靈保護。」

第二天，她才知道當時弟弟距離一個爆炸的礦坑很近，卻奇蹟似地生還了。

所以，人是他兄弟姊妹的守護者（在意念上），每個人都應該知道他所愛的都會「住在至高者的隱密處，和全能者的蔭下」④。
「禍患必不臨到你，災害也不挨近你的房子。」⑤
「完美的愛沒有恐懼，懼怕的人沒有完美的愛」⑥，而且「愛就完全了律法」。

第八章

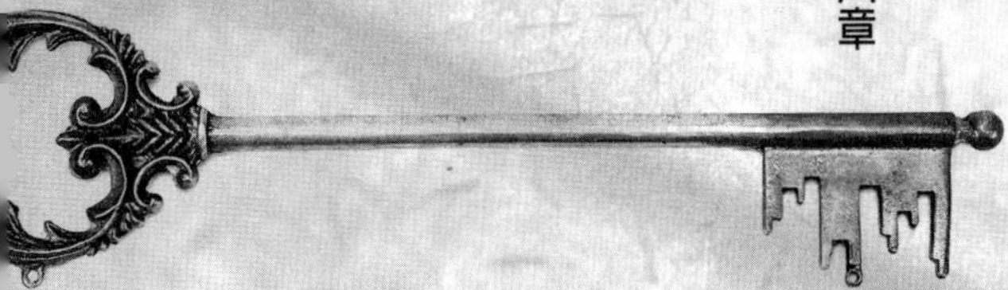

要求明確的指示

——直覺或引導

當一個人向宇宙提出要求，就必須準備好會有驚喜發生。
表面上看來諸事不順，
事實上，一切卻是朝著正確的方向前進。

「在你一切所行的事上都要認定祂，祂必指引你的路。」[1]

一個人最偉大的成就莫過於明瞭言語的力量，以及依循自己的直覺。透過言語，可以啓動無形的力量、重塑身體，或重新整頓生活。

因此，最重要的是要挑選對的言語，並愼重選擇自己眞正想請聖靈爲我們達成的願望。

要知道，神是供應者，自己的每個要求、渴望都會得到應許，神會依據人說出口的話提供人們所需。

「你們求，就必得著。」[2]

人必須主動跨出第一步，「你們親近神，神就必親近你們。」[3]

常常有人問我要如何才能使祈禱應驗。

我的回答是：「說正確的話，然後等到有明確指示再採取行動。」想要求明確指示，可以這麼說：「無窮大能的聖靈，指引我方向，讓我知道我能做些什麼。」

而答案將會透過直覺（或靈感）顯現給你。也許是某人的一句話，或是書上的一段文字等等。有時，答案的準確度令人震驚。

例如，有位女士需要一筆爲數可觀的金錢，便說道：「無窮大能的聖靈，立即讓管道暢通，提供我所需，讓聖靈爲我預備的富饒向我湧來。」接著又說：「給我明確的指示，讓我知道該怎麼做。」

突然間，一個念頭湧現：「給某個朋友（這人曾在靈性上幫助過她）一百美元。」她將這個訊息告訴朋友，那人說道：「先等一等，把錢給出去之前，看看是否還有其他指示。」所以她緩了一下，結果當天她遇到一位女士對她說：「今天我給了某人一美元；以我的能力與妳相較，這金額相當於妳給了某人一百美元。」

這實在是很明顯的指示，於是她知道給出一百美元的行爲是對的。後來證明這份禮物是項正確的投資，因爲不久之後，她以一種很不平凡的方式獲得一大筆錢。

付出就是回報的開始，想創造財富，就必須付出。奉獻十分之一的收入是個悠久的猶太傳統，而且必然會得到更多回報。美國有很多富人都這麼做，我沒聽說有人這樣投資失敗過。

付出收入的十分之一，不僅會讓回報倍增，還會得到祝福。但是，在給出禮物或奉獻出十分之一的收入時，記得要帶著愛與喜悅，因爲「捐得樂意的人是神所喜愛的」④。付帳的時候要開心，不管付什麼錢，不僅要捨得，還要帶著祝福的心。

擁有這樣的心態，才是金錢的主人。金錢會聽命於主人的使喚，當他開口，無盡的財庫就會敞開。

是人自己狹隘的願景局限了財富的多寡。有時候，人雖然了解致富之道，卻害怕付出金錢。

願景與行動必須一致，就像第五章提到的那位買了皮外套的男士。

有一位女士來找我，請我幫她說肯定句，讓她找到工作，所以我這麼開口要求：「無窮大能的聖靈，開啓讓這位女士找到正確職務的管道。」絕對不要只要求得到「一項工作」而已，必須要求聖靈給出祂已經爲你預備好、唯一會令你滿意的工作。

接著，我向神感謝她已經獲得了那份工作，也感謝這項要求這麼快就實現。不久之後，有三個工作讓她選擇，兩個在紐約，一個在佛羅里達州的棕櫚灘，她不知該如何下決定，我告訴她：「要求明確指示。」

期限已近，她還是無法做決定。有一天，她打電話給我：「今天早上起床時，我聞到了棕櫚灘的味道。」她以前去過那裡，還記得棕櫚樹的氣味。

我說：「如果在這麼遠的地方，妳都能聞到棕櫚灘的味道，這肯定是給妳的指引。」於是她接受了在佛羅里達的工作，事後也證實那是個明智的抉擇。引導常常發生在意想不到的時間點上。

有一天我走在路上，忽然有個衝動，想去隔幾條街的一家麵包店。我的理智頭腦拒絕這個想法，它說：「那裡根本沒有妳要的東西。」然而，我已經學會別太過理性，所以還是去了。到了那家店，我四處看了看，的確沒有我想買的東西。但是當我走出店門口時，遇到了一位朋友，我經常惦記著她，她正需要幫助，而我剛好幫得上忙。

我們常常爲某件事行動，卻遇到另一件事。

直覺是一種靈性能力，它不說明，只單純地爲我們**指出方向**。

人經常會在進行肯定聲明的過程中接收到指示。這些念頭看起來似乎毫不相干，但神的指引有時就是很「奧祕」。

有一天我在帶課時，爲在場的每個人進行肯定聲明，要求神給予他們明確的指示。課後，有位女士告訴我：「當妳爲我們說肯定句時，我有個直覺，想要把家具從倉庫裡搬出來，然後去找一間公寓。」她是爲了健康狀況來找我，我告訴她，只要爲自己找個房子，她的健康狀況就會改善。

接著我又說：「我相信妳的問題是由於囤積東西所引起的阻塞，東西的堵塞造成身體的堵塞。妳違反了善用法則，妳的健康正爲此付出代價。」

所以，我感謝神：「**她的心智、身體及生活裡的各項事物，都已建立起神聖的秩序。**」

人們很少思考自己的行爲會如何影響身體健康，每一種疾病都跟某種心理狀態相呼應。一旦了解到自己的身體在神聖意識裡是完美的，人們就可能會在頓悟的那一剎那痊癒，重回健全、完美的狀態。然而，如果一直抱持著摧毀、囤積、仇恨、恐懼與譴責的念頭，疾病就會復發。

耶穌基督知道所有疾病都源自罪，他在醫治痲瘋病患後，要他此去不可再犯罪，以免發生更糟糕的事。

爲了獲得永久的療癒，人的靈魂（或潛意識）必須清洗得比白雪還潔淨。玄學家會不斷深入潛意識，找出與疾病「相呼應」的心理狀態。

耶穌基督說：「你們不要定人的罪，就不被定罪。」⑤

「你們不要論斷人，免得你們被論斷。」⑥

許多人的疾病與不幸，都是因爲譴責別人而造成的。

你譴責別人什麼，就會吸引那個「什麼」來到自己身上。

有個滿懷憤怒與悲痛的朋友來找我，因爲她先生爲了另一個女人而遺棄她。她不斷譴責那個女人：「她明明知道我丈夫已婚，就不應該接受他的愛。」

我說：「別罵她了，要祝福她，讓這一切過去，否則妳將爲自己招引來同樣的處境。」

她根本聽不進我的話。一、兩年後，她自己也愛上了有婦之夫。

人一旦批評或譴責別人，就像拿起一條通了電的電線，只等著觸電。

猶豫不決是許多人迎向成功的障礙，爲了克服這樣的狀況，請重複以下的聲明：**「我一直受到聖靈的啓發，能夠快速做出正確的決定。」**

當這些話烙印在潛意識裡，人很快就會發現自己變得清醒、警覺，能夠毫不猶豫地立即採取正確行動。我發現若想從心理層次尋求指引，反而有害，因爲那是來自世俗的集體意識，而不是「合一意識」。

人的心智若停留在主觀層次，就會變成毀滅性力量的目標。心理層次的想法是由人類的世俗思想所構成，總是二元對立，人們收到的訊息非好即壞。

生命靈數或占星學把人限制在心理（或世俗）層次上，因爲它們只從因果業力的角度來切入。

我認識一位男士，根據他的星盤，他早在多年以前就該壽終正寢了，但他不但活得好好的，還是美國最大的人道組織之一的領導人。

想要抵銷一個不好的預言，需要很堅定的意志。我們應該這樣聲明：「每個莫須有的預言都會成爲泡影，任何非天父所計畫的都將煙消雲散。就在此刻，神聖意識爲我開路。」

然而，人若是曾經獲得關於幸福、富足的美好訊息，只要耐心等候，遲早一定會透過預期法則而得到應驗。

人的意志應該要用來支持宇宙意志，「我願意讓神的意志行使。」

神的意志就是要滿足每個人心裡的每一個正確渴望，而人的意志應該用在保持完美的願景，不受動搖。

回頭的浪子說：「我要起來，到我父親那裡去。」⑦的確，要從無用、低劣的世俗思想中解脫，通常需要強烈的意志。對一般人來說，留在恐懼中要比堅持信心容易多了。所以，**信心是一種在意志上的努力**。

當一個人在靈性上覺醒了，他會明白外在的不和諧都可以對應到內在的衝突。如果他失足或墮落，他會知道那是來自於意識上的失足或墮落。

我的一個學生某天走在路上時，腦子裡開始責罵起別人。她想著：「那個女人眞是世上最不可理喻的女人。」就在此時，忽然有三個童子軍衝過街角，差一點撞倒她。她沒有罵那三個童子軍，反而馬上召喚寬恕法則，並向剛剛在心裡譴責的那位女士的內在神性致敬。智慧之道便是快樂之道，走在這樣的道路上，她的每一條路都會充滿平安。

當一個人向宇宙提出要求，就必須準備好會有驚喜發生。表面上看來諸事不順，事實上，一切卻是朝著正確的方向前進。

例如，有位女士聽人說在神聖意識裡不會有虧損，因此，該是她的都不會失去；若有任何損失，也將回返，或是收到相等的回報。

幾年前，她損失了兩千美元。她把錢借給親戚，但這位親戚過世時，在遺囑上沒有對此事做任何交代，讓她覺得既憤怒又不滿。由於這筆借貸完全沒有簽下任何字據，她不可能拿回這些錢，所以她決定不把這筆錢當成損失，而是要向宇宙銀行討回來。

首先，她必須寬恕那位親戚，因為憤怒及不寬恕只會讓這間奇妙的銀行關上大門。

於是她如此聲明：「我不認為這是損失。神聖意識裡沒有損失，所以我不會損失這筆神賦予我權利所該擁有的兩千元。『**一扇門關了，必定會有另**

一扇門開啓。』」

這位女士住的公寓正待售中，租賃合約上注明房屋一旦售出，房客必須在九十天內搬家。

然而房東突然違約，提高租金。她又再次遇到不公平的事情，可是這一次她沒有因此心煩意亂，而是祝福房東，並說道：「房租漲了，表示我會比以前更有錢，因爲神會供應我所需。」

提高房租需要更換租約，可是因爲某個神聖的差錯，新租約上遺漏了關於九十天期限的條款。不久之後，房東有機會賣掉房子，但由於新約有錯，房客得以續租一年。

房屋仲介業者提供兩百美元給願意搬走的房客，有幾戶人家相繼搬走，但是有三戶，包括這位女士在內，仍繼續留下來。一、兩個月過去了，仲介業者再次登門拜訪，這次他對這位女士說：「妳是否願意以一千五百美元放棄租約？」她突然閃過一個念頭：「我的兩千元回來了。」

她想起之前曾經跟其他留下來的房客說過：「以後跟搬家有關的事，我們都一起行動。」所以此刻，她的**指示**便是去徵求這些住戶的意見。

這些房客說：「既然他們提議要給妳一千五百美元，看起來，他們也會願意出兩千元。」所以，她就因爲放棄租約，收到了兩千美元的支票。這就是律法運作不可思議之處，表面上看起來不公平的事，卻實現了她先前的祈求。

這證明了，當人在靈性上站穩立場，就不會有損失，他會從豐盛的寶庫裡領取屬於他的一切。

「那些年蝗蟲所吃掉的，我會補還你們。」⑧

蝗蟲指的就是疑惑、恐懼、憤怒、悔恨這些世俗的想法。

就是這些背離神的想法掠奪了人的所有，因爲「除了自己以外，無人能給；除了自己以外，無人能取」。

人來到這裡就是爲了證明神，同時「爲眞理作見證」⑨。而證明神的唯一方法就是從匱乏之中求得豐盛，從不公平中求得正義。

「主說，以此試試我，是否爲你們敞開天上的窗戶，把祝福傾倒給你們，直至滿溢。」⑩

第九章

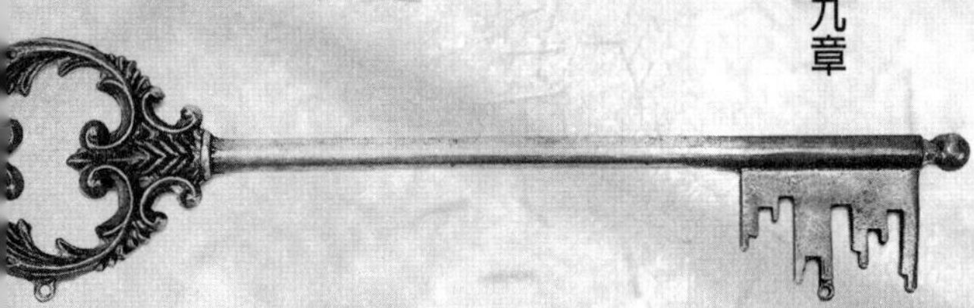

展現完美的自己

——聖靈的安排

一個人至高的追求，就是實踐聖靈對他生命的神聖安排。

「沒有風能將我的小船吹向歧途，沒有風能改變命運的浪潮。」①

每個人都要展現完美的自己。在這世上有一個空間，除了你以外，沒有其他人能爲你塡滿。這是你的任務，任何人都無法代勞；這就是人的天命！

你將達到的成就，是神聖意識裡的完美構想，只等著你去看見。既然想像力就是創造力，人必須在成就實現之前，先看到這個完美構想。

因此，一個人至高的追求，就是實踐**聖靈對他生命的神聖安排**。

那會是什麼，你可能一點概念也沒有，但或許有些非凡的天賦，就深藏在你之內。

你應該這樣要求：「**無窮大能的聖靈，打開通往我生命神聖設計展現的道路；現在釋出我內在的才能；讓我清楚地看見這完美的計畫。**」

完美的計畫包括健康、財富、愛及完美的自我表現，這個**生命完整、美好的彰顯**會帶來全然的快樂。當一個人做出這樣的要求，他就會看到生命發生重大的轉變，因爲幾乎每個人都遠離了聖靈的安排。

我知道有位女士，在做出這樣的要求之後，生活就彷彿遭受龍捲風襲擊，但在快速整頓之後，嶄新而美好的情勢取代了舊有的局面。

要成就完美的自我表現，永遠不須費心，而且當你樂在其中時，簡直就像玩遊戲一般。學生們也都知道，當一個人進入由神提供財富支援的世界時，完美的自我表現所需的一切，都將唾手可得。

儘管許多有才幹的人經年累月在匱乏的問題上掙扎，但是當他說出他的要求，並抱持信心時，很快就能得到所需的資金。

某天課程結束後，一位男士給了我一分錢美元。

他說：「我全身上下只剩七分錢，現在我要給妳一分，因爲我相信妳說話的力量。我要妳爲我說出讓我擁有完美自我表現及財富的肯定句。」

在我爲他「說肯定句」的一年後，有一天我又見到他。他走了進來，快樂又成功，口袋裡有大把鈔票。他說：「在妳開口要求之後，就有人聘請我到一個遠方的城市工作，現在我擁有健康、快樂及財富。」

一個女人的完美表現可能是成爲一個完美的妻子、完美的母親、完美的家庭主婦，而不一定是事業上的成就。

要求明確的指引，你的生命旅程將會走得輕鬆且成功。

人不應該觀想或以強迫的方式產生意象。當他要求聖靈的安排進入他的意識時，他會接收到靈感，並開始看見自己正在實踐一項偉大的成就。這樣的畫面或想法是他必須守護、不受動搖的。

人所追尋的事物，其實也在尋找他——就如同**電話也在尋找貝爾**，要他把它發明出來一樣。

父母永遠都不該強迫孩子進入某種事業，或學習某種專業。父母親可以帶著對靈性眞理的了解，在孩子年幼或出生之前，爲孩子說出肯定聲明，要求聖靈的安排。

孩子出生之前的肯定聲明應該如下：「讓這孩子內在的神性得以完美地彰顯；讓聖靈對這孩子的身心及生命的安排，終生都得以顯現，直到永遠。」

是神的意志會被行使，而不是人的意志；行使的方式也是以神的方式，而不是人的方式——像這樣的告誡在《聖經》裡處處可見。《聖經》是一本有關心智科學的書，它告訴人類要如何從束縛中釋放靈魂（或潛意識）。

《聖經》中對戰爭的描述，其實是人類對抗世俗思想的畫面。「人的仇敵，就是自己家裡的人」，每個人都是約沙法，也都是用小的白石頭（信心）殺死歌利亞（世俗思想）的大衛。

因此人要非常謹慎，不要埋葬自己的才華，成爲「又惡又懶的僕人」[2]。不善用自己的才能，將付出慘痛的代價。

恐懼常常是人與完美的自我表現之間的障礙。許多天才都曾因怯場而妨礙了他們的表現，這種情形可以透過說肯定句來克服。然後，人會放下自我意識，感受到自己是宇宙的無限智慧得以展現出來的管道。

人會直接受到啓發，沒有恐懼，而且信心滿滿，因爲他會感覺是「心中的父」在成事。

有一位年輕男孩經常跟母親一起來上課，他要我爲他即將面臨的學校考試「說肯定句」。我教他這樣說：「我與無限的智慧合而爲一，這個科目該了解的我都懂了。」

他精通歷史，對算術則沒有太大把握。之後我見到他，他說：「我爲算術說肯定句，結果成績很好；而我本來以爲歷史可以靠自己，結果成績卻很差。」當人「對自己太有把握」時，通常就會退步，這表示他太過自信，而非信任「心中的父」。

還有一個學生告訴我下面這個例子。某年夏天，她在國外長期旅行，走訪許多語言不通的國家。她時時刻刻都祈禱神的指引與保護，結果一路上出奇地平安順利——行李從未延遲，也沒遺失過；總能在最好的旅館找到落腳處，也總是受到最好的款待。

當她回到紐約市——這個她熟悉的地方——覺得不再需要神的幫助，便以平常心度日。結果，**每一件事都出了錯**。在混亂脫序的狀況中，她的行李延遲抵達。

每個人都必須養成習慣：分分秒秒「練習與神同在」。**「在你一切所行的事上都要認定祂」**，無論大小事都一樣。

有時候，一件不起眼的小事就可能改變人的一生。

羅伯特・傅爾頓（Robert Fulton）看著水在茶壺裡慢慢沸騰，得到了發明蒸汽船的靈感！

有一位學生，我看到他常常因爲心生抗拒或想要主導事情的走向，反而讓生命的發展膠著不前。

他只把他的信任放在某個領域，並要求以他希望的方式顯現，這使得事情陷於停頓。

「以我的方式，而不是你的！」這是無邊大能的命令。無論是蒸汽或電力，所有的力量都必須透過零阻力的引擎或設備才能發揮功能，而人就是這個引擎或設備。

人一次又一次受到囑咐，要「靜靜等待指示」。「哦！猶大，不要驚惶，明日出去迎敵，主會與你同在。你將不需要爭戰，但要靜靜等待指示，而且了解到你已經被主拯救了。」[3]

我們在前面的例子看到，有一位女士**不抵抗**，也**不受干擾**，結果透過房東得到了兩千美元；還有另一位女士在「一切痛苦消失之後」，再次贏得心愛男人的愛。

我們的目標是要**沉著！沉著就是力量**，這樣才有機會讓神的力量快速透過人來運作，讓人「立志行事……爲成就祂的美意」④。沉著，讓人能清晰思考，同時快速做出正確的決定，絕不錯失良機。憤怒則會模糊視野、毒化血液，是許多疾病的根源，並會造成誤判，導致失敗。

憤怒曾被定爲最嚴重的「罪」之一，因爲它的後果非常具有殺傷力。人們學到，「罪」在玄學上的定義，要比過去的教導更廣，「凡不出於信心的都是罪」⑤。

人會發現，恐懼與擔心都是致命的罪，它們是倒置的信心，透過扭曲的心智畫面，人所恐懼的事情反而成眞了。人的工作是要（從潛意識裡）驅除那些敵人。**「當人無懼時，他就完整了！」**梅特林克[6]說，「人是恐懼的神。」[7]

所以，正如我們在前面的章節看到的，只有迎向自己所害怕的事物，才能克服恐懼。當約沙法與他的軍隊準備迎戰敵軍時，他們高唱：「當稱謝主，因祂的慈愛永遠長存。」[8]結果他們發現敵軍互相殘殺，最終根本無須爭戰。

再舉個例子。有位女士請朋友傳話給另一位朋友，這位朋友對於要傳遞這個訊息覺得害怕，因爲她的理智說：「不要蹚這場渾水，別去傳話了。」她心神不寧，因爲她已經承諾會傳話。最後，她決定「迎向獅子」，並運用聖靈保護法則。當她見到要傳話的對象時，正要開口，那位朋友先說了：「某某人已經出城去了。」這個訊息讓她不用再傳話給對方，因爲她要傳的話取決於某某人是否留在城裡。當她提起勇氣願意面對時，反而無須再做些什麼；當她不再害怕，整件事情就消失了。

一個人的請求之所以遲遲不見回應，通常都是因爲相信有「不圓滿」，他應該做出以下的聲明：「在神聖意識裡只有圓滿，因此，我的人生已圓滿達成，我有完美的工作、圓滿的家庭、全然的健康。」他的任何要求全都存在神聖意識的完美構想裡，而且必定會顯化，「以完美的方式蒙恩」。他感謝他已經得到無形的，同時，爲迎接有形的事物做好積極的準備。

我的一位學生需要用錢，她問我爲什麼還沒有著落。

我告訴她：「也許妳做事虎頭蛇尾，潛意識已經養成不把事情完成的習慣（外在如此，內在也就如此）。」

她說：「妳說對了。我做事經常**只開個頭**，從來沒完成過。回去之後，我會去完成幾星期前開始做的事，我知道那對我財富的顯現有很大的象徵意義。」

所以，她開始勤奮地做針線活，很快完成了先前的作品。沒多久，她所需要的錢就以最奇怪的方式出現了。

那個月她先生領到兩次薪水，他跟公司說他們多給錢了，公司卻要他把錢收下。

當一個人開口向神要求，並**充滿信心**時，**他一定會得到，因爲神會創造祂自己的顯化管道**。

我有時會被問到：「如果有人具備多樣才華，他怎麼知道要選定哪一種去發揮？」此時，要求清晰的指示，你可以這麼說：「無窮大能的聖靈，給我明確的指引，讓我看到完美的自己，顯示此刻我該善用哪一項才能。」

我知道有些人根本沒有經過多少訓練，甚至一竅不通，就突然投入嶄新的行業，卻能完全勝任。所以，你可以做出這樣的聲明：「**聖靈爲我生命所**

做的安排，我已經準備就緒。」把握機會，不要畏懼。

有些人很樂於付出，卻不善於接受。因爲自尊心，或是出於某些無謂的理由，他們拒絕接受禮物，也因此阻礙了自己的管道，最終他們必然會發現自己的財產所剩無幾，甚至落到身無分文。

我見過一個例子。有位女士捐了很多錢，曾經有人想要送她幾千美元，她拒絕接受，說自己不需要那些錢。不久之後，她的財務狀況緊縮，並發現自己的債務金額就相當於之前有人要贈予她的金錢數目。所以，人應該得體地接受不需要你回報的贈予——慷慨地付出，慷慨地接納。

施與受永遠都會有完美的平衡。雖然人給予的時候應該不求回報，但如果他不接受回饋，同樣也違反了法則，因爲一切禮物都來自於神，人只不過是管道而已。

不要看低任何付出的人，認爲他們是匱乏的。

例如，當那位男士給我一分錢美元時，我並未說：「這個可憐人，他怎麼還有錢給我？」在我眼裡，他是富有且成功的，正收到源源不絕的供應。就是這種富足的想法，將一切帶給我們。如果某人是個差勁的接受者，他一定得改變，即使別人只給他一張郵票，也要學著接受，並打開接納的管道。

上帝喜愛歡喜接受的人，也喜愛歡喜付出的人。

常常有人問我，爲什麼有人天生富裕健康，有人卻貧病交迫。

有因才有果，沒有任何一件事是偶然發生的。

這個疑問可以用輪迴法則來解釋——人會經歷許多次生生死死，直到他了解那令他自由的眞理爲止。

他因爲還有尚未滿足的渴望，而重回地球，爲了要償還因果債務，或是「完成他的使命」。

一個出生就擁有財富和健康的人，在他的前世，潛意識裡就存有健康、富裕的畫面；而窮苦又多病的人，潛意識裡則存在著疾病與貧窮。無論在哪個層面，人所顯化出來的就是他潛意識裡所有信念的總和。

然而，生與死是人類所創造出來的法則，因為「犯罪的代價乃是死亡」⑨。在人類意識裡，亞當之所以墮落，乃是因為相信了有**兩種力量**。但是，一個眞實的人，一個具有靈性的人，是永不生滅的！他不曾生，也未曾死——「如同他從開始就存在，他是現在，也是永恆未來！」⑩

因此透過眞理，人會從業力法則中解脫，不再有罪與死亡，並成為神依照「祂的模樣及形象」所創造的人。當一個人圓滿實踐天命，並彰顯出聖靈為他生命所做的安排之後，就會獲得自由。

「主人說：『好，你這又良善又忠心的僕人，你在一些事情上有忠心，我要把許多事派給你管理（包括死亡）；你可以進來享受你主人的快樂（永恆的生命）。』」⑪

第十章

將想像變成藝術

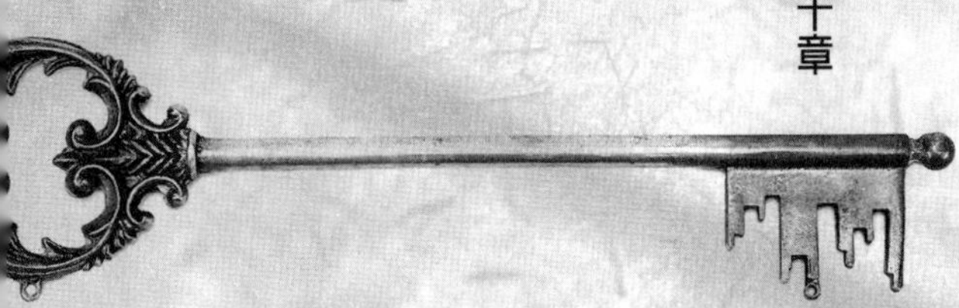

許多人屈於自己的想像，只打造了一間小屋；
事實上，他理當建造一座城堡。

「你定意要作何事，必然給你成就。」①

人一生所有即將彰顯的美好事物，在神聖意識中，早已是既成事實，只等著人去認出來，或是透過開口說肯定句，就會獲得實現。所以，人必須小心地要求只有聖靈的構想得以彰顯，因爲當人說出「無益的話」時，通常會引來失敗或不幸。

因此，誠如前幾章所言，最重要的事莫過於使用正確的話來要求、說肯定句。

如果渴望一個家、朋友、工作或其他任何美好事物，請要求由「聖靈揀選」。

例如：「無窮大能的聖靈，爲我開路，讓我能有正確的房子、正確的朋友及正確的工作。我感謝**此刻這一切都在恩典之下以完美的方式展現。**」

這句話的後半段最重要。舉例來說，我認識一位女士，她要求一千美元，結果她卻因女兒受傷，而獲得一千美元的賠償。所以，這筆錢並非來自

「完美的方式」。她應該這樣要求：「無窮大能的聖靈，我感謝你要給我的一千美元此刻正蒙福受恩，以完美的方式釋出給我。」

當一個人的財富意識成長了，就應當要求聖靈把爲他預備的大筆金錢，以蒙福的完美方式呈現給他。

人不可能得到超過想像的財富，因爲他會被自己潛意識有限的期許束縛住，所以必須擴大期望，才可能獲得更多。

人通常會對自己的要求設限。例如有個學生說出肯定句，要求在某天得到六百美元，他也的確收到了那筆錢，但事後發現，他原本可以拿到一千元，卻因爲他說出口的要求，只拿到六百元。

「他們限制了以色列的聖者。」②財富跟意識有關，法國有個傳奇故事可以說明這一點。

一個身無分文的流浪漢在街上被一位旅人攔下，並對他說：「我的朋友，看你這麼窮，這個金塊給你。賣了它，你就會一輩子有錢了。」流浪漢爲自己的好運開心不已。他把金塊帶回家後，找到了工作，並因此愈來愈有錢，所以一直沒有變賣金塊。幾年後，他成了大富翁。有一天，他在街上遇見一個乞丐，便叫住他說：「我的朋友，我把這個金塊給你，如果你賣了它，將會富足一生。」這個乞丐拿了金塊，去找人估價，結果發現那只是塊不值錢的黃銅。

從這個故事中我們了解到，第一個窮人後來會致富，是因爲他感覺富有，以爲自己眞的獲得了金塊。

每個人內在都有金塊，是**黃金意識**、**富饒意識將財富帶入我們生命裡的**。當一個人在說肯定句要求時，他就會開始**得到原本就屬於他的東西**；也就是說，人只是在宣告**他已經得到東西了**。「你尚未召喚，我就應允。」

不斷地說肯定句，會在潛意識裡建立信念。

若是懷有全然的信心，只要做出一次肯定聲明就已足夠！無須再解釋或懇求，只要對已接收到的事物，重複表達感謝之意。

「沙漠也必**快樂**，像玫瑰開花。」③即使身在沙漠裡，也心懷喜悅（一種意識狀態），就能讓我們的肯定聲明得以應驗。「主禱文」是以命令與要求的形式組成：「今日給我們日用的飲食，寬恕我們的債，就如同我們寬恕了他人欠我們的債。」④最後以讚美結束：「因為國度、權柄、榮耀，全是你的，直到永遠，阿們。」⑤「關於經由我手的工作，你們可以命令我。」所以，祈禱是由命令與要求、頌讚與感恩所構成的，每個人該努力的部分則是讓自己相信「在神凡事都能」⑥。

這些道理說來容易，當眞碰上問題時，便有些困難。例如有位女士必須在一段特定時間內籌到一大筆錢，她知道自己必須**做些什麼**，才會有所領悟（因爲領悟就是顯化⑦），於是她要求「指引」。

當她經過一家百貨公司時，看見一把非常漂亮、琺瑯材質的粉紅色拆信刀，感受到一股「吸引力」，心裡浮現一個念頭：「我沒有一把好的拆信刀，用來裁開內裝鉅額支票的信封。」

於是她買了那把拆信刀。通常理智會視這樣的舉動爲浪費，但是當她將拆信刀拿在手上時，腦海裡閃過她正在裁開內裝鉅額支票的信封的畫面。結果短短幾週內，她便收到那筆錢。這把粉紅拆信刀就是她展現積極信心的橋梁。

有許多故事，都是在描述由信心引導潛意識時所發出的力量。

例如，有一個男人夜宿農舍，房間的窗戶被封住、釘死。半夜，他感到窒息難耐，於是摸黑找到窗戶，但無法將窗子打開，就用拳頭敲破玻璃，讓新鮮空氣進來，之後他便一夜好眠。

第二天早上，他發現昨晚打破的原來是書櫃的玻璃，房間窗戶一整晚都還是關閉的。**他單憑對氧氣的想像，就提供了氧氣給自己。**

當你開始進行肯定聲明，要求神彰顯時，就不應該退卻——「不要讓搖擺不定的人認爲他可以從主那裡獲得任何東西。」[8]

有個學生曾做出以下這個很棒的聲明：「向天父要求任何事物時，我一定很堅持，而且會說：『天父，我絕對不會接受任何比我要求的還要少的東西，而是要更多！』」所以，人千萬不能妥協：「盡全力了——靜靜等待指示。」[9]有時這是最難彰顯的時刻，我們會碰上想放棄、回頭或妥協的誘惑。

「他只爲能靜靜等待指示的人服務。」[10]

彰顯經常要到最後才會發生，因爲人總是此時才願意放手，也就是放棄用腦袋推論，然後無限的智慧才有機會運作。

「人的渴望若是沉悶乏味，就會得到沉悶乏味的回應；人的渴望若是毫無耐性，就會被延宕，或是被粗暴地回應。」

例如有一位女士問我，爲何她經常遺失或弄壞眼鏡。我們發現她經常惱火地對自己和別人說：「我眞希望可以擺脫眼鏡。」因此她那沒耐性的渴求，就得到了粗暴的回應。她應該要求完美的視力，但她烙印在潛意識裡的卻是想擺脫眼鏡的焦慮。所以，她的眼鏡就不斷地遺失或損毀。

有兩種心態會造成損失：不珍惜，就像前面提過的那位不重視丈夫的妻子；或是**害怕失去**，這會把失敗的畫面烙印在潛意識裡。

當一個人能夠放下他的問題（放下重擔），召喚就會立即顯現。

例如，有位女士在暴風雨中外出，手上的雨傘被風吹翻了。她要去拜訪素昧平生的人，她不希望跟他們初次見面時，手裡拿著一把破爛不堪的雨傘。但這把傘不是她的，所以她不能隨手丟棄。在絕望中，她呼喊著：「噢，神啊，處理這把雨傘，我不知該如何是好。」

不一會兒，她身後傳來聲音說道：「女士，妳要修傘嗎？」她轉頭一看，眼前就站著一位修雨傘的師傅。

她說：「是的，我需要。」

師傅在修傘時，她前往赴約；回來之後，雨傘已經完好無缺。所以，只要將雨傘（或事件）交到神手中，人生旅途上就永遠會有位修傘師傅在你需要時現身。

在拒絕負面事物之後，一定要跟上肯定的祈禱話語。

舉例來說，有人曾經在半夜打電話要我爲一位不認識的男士說肯定句，他病得相當嚴重。我做出以下的聲明：「我拒絕接受疾病的表象，那不是眞實的，因此無法烙印在他的意識裡。在神聖意識中，他是完美無瑕的，純淨的身體展現出完美與健康。」

在神聖意識裡，沒有時間，也沒有空間，因此這些話立即奏效，絕不「徒然返回」。我曾經爲幾位歐洲的病患進行肯定聲明，也發現了立竿見影的效果。

經常有人問我視覺化與洞見兩者的差異。視覺化是受理智或意識影響的心理過程，洞見則是受直覺或超意識引導的靈性過程。每個人都應當訓練自己接收靈感，並依照明確的指引，實踐「神聖的意象」。當一個人說出「我只渴望神渴望給我的」，意識裡那些虛妄的渴求就會消失，造物者（內在的神）將給他一組全新的藍圖。

神給每個人的計畫都是遠遠超越理性的限制，也永遠都會是生命的完美彰顯——包含了健康、財富、愛與完美的自我表現。許多人屈於自己的想像，只打造了一間小屋；事實上，他理當建造一座城堡。

如果試圖以理智強迫事情發展，就會使事情停滯不前。神說：「我會速成這事。」⑪人應該只依靠直覺或明確的指示行事。「在主內休息，靜靜耐心等候。相信主，祂必成全。」⑫

我曾目睹神的法則以令人難以想像的方式運作。有個學生說她隔天必須收到一百美元，這是一筆事關緊要的債務，必須如期償還。於是我開口說肯定句，宣告聖靈「永遠不會遲到」，而且供應將會唾手可得。

當天傍晚，她打電話向我敘述奇蹟。她說她突然想去銀行保險箱查看一些文件，當她看完文件，發現保險箱最下面居然有一張全新的百元美鈔。她大吃一驚，說她知道自己從來沒有把錢放在那裡，因為她翻閱過那些文件無數次了。也許這就是所謂的「物質化」（materialization），就像耶穌基督物質化五餅二魚。人會達到「道成肉身」（word is made flesh）或開口便立即實現的境界。「地上的莊稼已經熟透了」，一切會立即彰顯，就如同耶穌基督行使過的所有奇蹟一樣。

單單呼喚耶穌基督之名，就會有驚人的力量，這代表**眞理的彰顯**。「無論你向天父要什麼，以我之名，祂必給你。」⑬

以耶穌之名，就能將人提升至第四次元。在那裡，人可以免受靈魂或心理的影響，而成爲「無限且絕對，正如同神是無限且絕對的一樣」。

我見過許多人光說「以耶穌基督之名」，就被療癒了。

基督既是人，也是典範，每個人內在的神性就是他自己的救主與救贖。

內在神性，就是人的第四次元自我，也就是以神的模樣及形象所造的人。這是未曾失敗的自我，未曾遭遇疾病或悲苦，不曾生也不曾死，這是每個人的「復活與生命」！「若不藉著神子，沒有人能到天父那裡去」，這句話的意思是，當神——也就是宇宙——在某個特定空間裡運作時，就成爲人的內在神性；而聖靈，就是運行中的神。所以，每一天，人都是聖父、聖子與聖靈三位一體的體現。

人應該將想像變成藝術。一位思想大師是一位藝術家，小心翼翼地在他心智的畫布上只繪出聖靈對他的安排。他以強而有力的堅定筆觸，畫出這些圖像，並具有全然的信心，相信沒有力量能夠玷污這些圖像的完美，一切夢想都會在他的生命裡成眞。

只要有正確的思想，人就會擁有一切力量，可以**將他自己的天堂帶進他的人間生命**，這就是**「人生遊戲」的目的**。

這些簡單的法則就是無懼的信心、不抗拒和愛！

願每位讀者現在就可以從長久以來一直捆綁自己、卡住自己的弱點中解脫出來，並了解到讓人「自由」的眞理——所謂的自由，即是不受拘束地完成自己的天命，讓**生命的神聖設計**，包括健康、財富、愛與完美的自我表現，得以彰顯。「願你藉由更新思想而改變。」⑭

〈譯者後記〉

陪你玩遊戲

這確實是一本重要的生命書。每個人都必須對自己內在的神性有更多認識與了解，無論自認爲有信仰、沒信仰，或是否篤信任何宗教，甚至無神論者，其實都需要給自己內在的至高神性一個機會，讓祂展現神聖之美。屆時，我們就一起靜靜、興奮地親眼目睹那道光采，將生命照亮！

這是一場每個人都贏的遊戲。

我從小生活在單純的環境，家裡只有母親與我，人口一直很簡單。由於沒有其他兄弟姊妹，我自然養成了害羞、膽小，且近乎自閉的性格，所有的快樂、不快樂都獨自往肚子裡吞，很少向人傾訴。

回溯童年，我幾乎都是一個人獨處，自己陪自己玩。母親回憶說：「妳常自言自語，我還想說完蛋了，怎麼辦？是不是該帶去看醫生什麼的……」其實，當時的我沉浸在歡愉、安全的空間裡，無論快樂或悲傷，我總會對著空氣訴說，一切是那麼自然、放鬆。如今我慢慢體會，原來當時一直陪伴在我身邊的，就是我最貼心的玩伴——神。

跟「神」說話是我多年的習慣與消遣。由於再自然不過，因此也從來不認爲這樣的親密關係有什麼特別或值得渲染之處，只是單純沉浸在有神相伴的世界裡。我經常和我的神徜徉在風中、在雨裡，即使一個人也不至於太孤單。有時候心靈受傷了，我也會罵罵祂，抱怨祂爲何沒有幫我排除萬難等等。而神傳達的鼓勵與安慰，遠遠超過我至親的媽媽所能給我的一切安撫。

有多少茫然、恐懼的夜晚，我都在祂的支持下度過。有祂相伴，母親也無須太掛心。我總是把自己照料得好好的，讓母親放心去追求她自己的夢想。其實，我從來沒有告訴過任何人，我的心裡一直有個貼心的玩伴默默守候，陪我玩、陪我哭、陪我笑、陪我宣洩、陪我罵人……

我知道許多人跟我一樣，都有過與自己內在的至高神性交融的美好體驗，也未曾將這個重要的生命歷程，刻意地做太誇大的聯想。而在看過本書之後，相信你內在是雀躍、欣喜的。透過作者對神的解釋與描述，已經展開你與內在神性的親密互動，逐漸喚醒那近乎被遺忘的美好連結。感知神的存在，了解祂的運作，你和神一定都注滿了無上的喜悅，因爲，你已經知道要如何與祂建立關係。

作者的體驗，加上譯者與神的連結，這些文字將你、我、她同時連結在相隔百年的開悟裡。前人的智慧傳承，讓我們得以快速成長，何等感激。

無論你覺得自己離神有多遙遠，作者在在強調，祂就是你，你就是祂，共爲一體。只要靜下心來就不難發現，內在神性一直靜靜守候，等著你一親芳澤。

「神」存在每一個細胞基因裡。安靜下來，就會發現祂比你的呼吸、比你雙眼所見、比你的心跳更貼近你。就因爲黏在一起，才會讓人外探不著，也忽略祂的存在。

神性的顯化是人最自然的狀態，充滿愉悅、欣喜、滿足、溫暖與安詳。只不過世間太多紛擾，常把人帶離了軌道，教人流連在不愉快的羊腸小徑，徒生悲傷。

一旦認出了神，那浩瀚無邊的大能將充滿你、成爲你！

多數人都要追求成長，我深刻體驗到這份渴望，且敬重這份追尋。但經驗告訴我，向外探求只會讓自己更遠離源頭，並迷失在疲累的追尋裡。不妨回過頭，好好看看自己最最珍貴的品質。你將發現，除了一些令自己汗顏的無意識行爲之外，還蘊藏神聖的超意識在持續喚著：「愛就完全了律法。」

神是愛，愛是神。神渴望人以愛的體驗來經驗祂、了解祂、認識祂，只要多一些信心與勇氣，彈指之間，就會經驗到蘊藏在內心深處的聖靈恩典。從此，神將活出你，慶祝祂的富饒。

我之所以如此篤定，是因爲你我如出一轍。作者的洞見提醒我們應當開始去認識、洞悉自己的恩賜與富饒。

「回家，回到神的國度」所需的行頭都已備妥，隨著本書的教導，天堂的大門正爲你敞開。

向你、全能的神致敬

愛神的佩霞

P.S.祂只能從你內在尋得。當你見到了祂，必定會敬重每個人，因爲你親眼目睹祂就存在每個生命裡。從此你成了全世界最幸福、快樂的人。

恭喜！

〈附錄〉

大膽要求，放心接受——對症下藥的肯定句

要求信心

・當我與神合一，我就與給我的好處合一，因爲神是給予者，也是禮物，我不可將禮物和給予者分開。

要求指引

・我對直覺的指引非常敏銳，並願意立即順服神的意願。

要求正確的狀況

・任何天父未安排的計畫將煙消雲散，而神聖的計畫現在就要實現。

・只有神的眞理才是我的眞理，因爲我與天父是一體的。

·聖靈的愛此刻將化解並驅散我心智、身體及生活上的所有錯誤狀態。聖靈的愛是宇宙中最強而有力的化學物質，能溶解非神聖的一切。

·在神聖意識裡只有圓滿，因此，我的人生已圓滿達成，我有完美的工作、圓滿的家庭、全然的健康。

·無窮大能的聖靈，爲我開路，讓我能有正確的房子、正確的朋友及正確的工作。我感謝此刻這一切都在恩典之下以完美的方式展現。

要求視力

·我的眼睛是神的眼睛，我以靈性的眼睛看世界。我可以清楚看見開闊的道路，我的路上沒有障礙。我清晰地看見完美的安排。

要求耳力

·我的耳朵是神的耳朵，我以靈性的耳朵傾聽。我不抗拒，願意接受引導。我聽到狂喜的福音。

要求卸下重擔

．我將重擔交給內在的神，我得到自由。

．我把匱乏的重擔交給神（內在神性），我將會變得自在、富足。

．我把這個怨恨的重擔交給內在的神，我將得到自由，擁有愛、和諧與快樂。

要求財富

．神乃是我無窮的供應者，有一大筆財富，在恩典的祝福下，以完美的方式快速到來。

．聖靈永遠不會遲到。我感謝自己已經在無形之中收到了那筆錢，而且那筆錢會及時顯化在現實界。

．無窮大能的聖靈，立即讓管道暢通，提供我所需，讓聖靈爲我預備的富饒向我湧來。

．無窮大能的聖靈，我感謝要給我的金錢此刻正蒙福受恩，以完美的方式釋出給我。

・我在愛中與每一位銀行員工的心靈融爲一體，就讓神聖意志來運作貸款這件事。

面臨金錢損失

・無窮大能的聖靈，我召喚寬恕法則，並感謝我受神的恩典看顧，而不是律法。我不會損失神賜予我的××元。

・神聖意識裡沒有損失，所以我不會損失這筆神賦予我權利所該擁有的××元。

要求健康

・聖靈的愛以健康注滿我的意識，我身體的每個細胞都充滿了光。

要求工作或業績

・我以好的方法，有好的工作；以好的服務，有好的收入。
・我以好的方法，有好的事業；以好的服務，有好的收入。
・無窮大能的聖靈，開啓讓我找到正確職務的管道。
・神會保護我的利益，神聖的旨意將從這個情勢中產生，會由適當的人，賣出適當的機器，給適當的客戶。

要求房子

・無窮大能的聖靈，請爲我開路，讓我找到符合我需求的公寓。
・無限的智慧，請提供適合我、跟這幢同樣迷人的房子，也就是聖靈爲我準備的房子。
・我喜愛的那棟房子如果該是我的，我就不會失去它；如果不是，請給我類似的房子。

面臨抉擇

・無窮大能的聖靈，請開啟豐盛的道路——我是磁力強大的磁石，會吸引神賦予我權利所擁有的一切。

・我一直受到聖靈的啟發，能夠快速做出正確的決定。

・我把這件事交到無限的愛與智慧手裡。如果這個行程是神的安排，我會給予祝福，不再阻擋；如果這並非神的安排，我感謝這件事就此化解，並消弭於無形。

要求開發天賦

・無窮大能的聖靈，打開通往我生命神聖設計展現的道路；現在釋出我內在的才能；讓我清楚地看見這完美的計畫。

・無窮大能的聖靈，給我明確的指引，讓我看到完美的自己，顯示此刻我該善用哪一項才能。

・無窮大能的聖靈，指引我方向，讓我知道我能做些什麼。

面臨考試

·我與無限的智慧合而爲一，這個科目該了解的我都懂了。

破除預言

·每個莫須有的預言都會成爲泡影，任何非天父所計畫的都將煙消雲散。就在此刻，神聖意識爲我開路。

擔心親友安全

·神聖意識裡都有神對人的完美構想，人永遠都會身處正確的地方。因此，我的弟弟會在正確的地方受到聖靈保護。

孩子出生前

·讓這孩子內在的神性得以完美地彰顯；讓聖靈對這孩子的身心及生命的安排，終生都得以顯現，直到永遠。

愛情出現裂痕時

· 在神聖意識裡沒有分裂，因此，我不會與聖靈應許給我的愛與伴侶分開。

等電話時

· 神聖的旨意從來不會互相牴觸，電話會在適當的時間打進來。
· 神會保佑我不錯失任何該是我的電話。我在恩典之下蒙恩，不是在律法之下。

注釋／

第一章

注①：出自加拉太書第六章第七節。

注②：出自箴言第四章第二十三節，《聖經》和合本譯文爲：「你要保守你心（或想像力），勝過保守一切，因爲一生的果效，是由心發出。」

注③：出自馬太福音第六章第三十三節，《聖經》和合本譯文爲：「你們要先求祂的國和祂的義，這些東西都要加給你們了。」

注④：出自馬太福音第十二章第三十七節。

注⑤：出自馬太福音第七章第七節，《聖經》和合本譯文爲：「你們祈求，就給你們；尋找，就尋見；叩門，就給你們開門。」

注⑥：出自以賽亞書第四十五章第十一節，《聖經》和合本譯文爲：「我手的工作，你們可以求我命定。」

注⑦：出自馬太福音第八章第二十六節。

注⑧：出自箴言第十八章第二十一節。

第二章

注①：出自約伯記第二十二章第二十五節，《聖經》和合本譯文爲：「全能者就必爲你的珍寶，作你的寶銀。」

注②：出自以賽亞書第五十五章第十一節，《聖經》和合本譯文爲：「我口所出的話也必如此，決不徒然返回，卻要成就我所喜悅的，在我發他去成就的事上必然亨通。」

注③：出自馬太福音第二十一章第二十二節，《聖經》和合本譯文爲：「你們禱告，無論求什麼，只要信，就必得著。」

注④：出自列王記下第三章第十七節，《聖經》和合本譯文爲：「因爲耶和華如此說：你們雖不見風，不見雨，這谷必滿了水。」

注⑤：參見《舊約》列王記下第三章經文。

注⑥：出自以賽亞書第六十五章第二十四節，《聖經》和合本譯文爲：「他們尚未求告，我就應允。」

注⑦：出自雅各書第一章第十七節，《聖經》和合本譯文爲：「各樣美善的恩賜和各樣全備的賞賜都是從上頭來的，從眾光之父那裡降下來的。」

注⑧：出自民數記第十三章第三十三節。

注⑨：出自約翰福音第四章第三十五節。

注⑩：出自馬太福音第十八章第十九節。

第三章

注①：出自約翰福音第十章第三十節。

注②：出自約翰福音第十三章第三十四節。

注③：出自羅馬書第十三章第十節。

注④：出自馬太福音第十章第三十六節。

注⑤：出自路加福音第二章第十四節，《聖經》和合本譯文爲：「在地上平安歸與祂所喜悅的人。」

注⑥：出自馬太福音第五章第四十四節，《聖經》和合本譯文爲：「只是我告訴你們，要愛你們的仇敵，爲那逼迫你們的禱告。」

注⑦：出自以賽亞書第五十四章第十七節，《聖經》和合本譯文爲：「凡爲攻擊你造成的器械必不利用。」

第四章

注①：《聖經》和合本譯文爲：「不要與惡人作對。你不可爲惡所勝，反要以善勝惡。」第一句出自馬太福音第五章第三十九節，第二、三句則出自羅馬書第十二章第二十一節。

注②：出自馬太福音第五章第二十五節。

注③：出自使徒行傳第二十章第二十四節，《聖經》和合本譯文爲：「我卻不以性命爲念。」

注④：出自哥林多後書第六章第二節，《聖經》和合本譯文爲：「看哪，現在正是悅納的時候；現在正是拯救的日子。」

注⑤：出自創世記第十九章第二十六節。

注⑥：出自古印度詩人迦梨陀娑（**Kalidasa**）的詩作〈向黎明致敬〉（***Salutation of the Dawn***），黎明意謂嶄新的開始。

第五章

注①：本段經文在詩篇第一百一十一篇第十節，以及箴言第九章第十節皆出現。《聖經》和合本譯文爲：「敬畏耶和華是智慧的開端。」

注②：出自羅馬書第十二章第十九節。
注③：出自創世記第一章第二十七節。
注④：出自約翰福音第八章第三十二節。
注⑤：出自歷代志下第二十章第十七節，《聖經》和合本譯文爲：「要擺陣站著，看耶和華爲你們施行拯救。」
注⑥：出自箴言第十一章第二十四節。
注⑦：出自馬太福音第九章第二十九節，《聖經》和合本譯文爲：「照著你們的信給你們成全了吧。」
注⑧：出自希伯來書第十一章第一節，《聖經》和合本譯文爲：「信就是所望之事的實底，是未見之事的確據。」
注⑨：出自加拉太書第六章第九節。
注⑩：出自羅馬書第六章第十五節。
注⑪：出自約翰福音第十六章第三十三節。

第六章

注①：包含情緒上的釋放及了解，而不只是理智上知道眞理而已。

注②：出自馬太福音第十一章第三十節，《聖經》和合本譯文爲：「我的軛是容易的，我的擔子是輕省的。」

注③：出自馬太福音第十一章第二十八到三十節，《聖經》和合本譯文爲：「凡勞苦擔重擔的人可以到我這裡來，我就使你們得安息。我心裡柔和謙卑，你們當負我的軛，學我的樣式；這樣，你們心裡就必得享安息。因爲我的軛是容易的，我的擔子是輕省的。」

注④：《聖經》和合本譯文爲：「你要把你的重擔卸給耶和華。」

注⑤：出自歌羅西書第一章第二十七節，《聖經》和合本譯文爲：「基督在你們心裡成了有榮耀的盼望。」

注⑥：出自雅各書第二章第二十六節。

注⑦：本段經文出自馬太福音第十五章第三十五節。其實「五餅二魚」的故事在四本福音書（馬太、馬可、路加、約翰）都提到過，細節雖各有不同，但大致是描述耶穌帶領跟隨他的五千人到達曠野，太陽西下時，耶穌要門徒爲眾人張羅吃食，門徒說：「我們不過有五個餅、兩條魚，若不去爲這許多人買食物就不夠。」於是耶穌叫眾人坐下，然後拿著那僅有的五餅二魚，望著天祝謝，再分給大家吃。結果五千人都吃飽了，而且把剩下的零碎收拾起來，還裝滿了十二個籃子。

注⑧：出自撒迦利亞書第四章第十節。

注⑨：出自加拉太書第六章第九節。

注⑩：出自馬太福音第十八章第三節，《聖經》和合本譯文爲：「你們若不回轉，變成小孩子的樣式，斷不得進天國。」

注⑪：出自馬可福音第九章第二十三節。

注⑫：出自約書亞記第二十四章第十五節。

注⑬：出自啓示錄第二十一章第一到四節，《聖經》和合本譯文爲：「我又看見一個新天新地……不再有死亡，也不再有悲哀、哭號、疼痛，因爲以前的事都過去了。」

第七章

注①：Pyotr Demianovich Ouspensky，一八七八～一九四七年，俄國知名哲學家。

注②：出自哥林多前書第十三章第一節。整段經文爲：「我若能說萬人的方言，並天使的話語，卻沒有愛，我就成了鳴的鑼，響的鈸一般。」意思是，一個人即使能說各種方言，甚至連天使的語言也會說，卻沒有愛，那他跟會鳴的鑼、會響的鈸沒兩樣，發出的都是單調而無意義的吵鬧聲，沒什麼價值。

注③：出自腓立比書第三章第十三節。

注④：出自詩篇第九十一篇第一節，《聖經》和合本譯文爲：「住在至高者隱密處的，必住在全能者的蔭下。」

注⑤：出自詩篇第九十一篇第十節，《聖經》和合本譯文爲：「禍患必不臨到你，災害也不挨近你的帳棚。」

注⑥：出自約翰壹書第四章第十八節，《聖經》和合本譯文爲：「愛裡沒有懼怕；愛既完全，就把懼怕除去。因爲懼怕裡含著刑罰，懼怕的人在愛裡未得完全。」

第八章

注①：出自箴言第三章第六節。

注②：出自約翰福音第十六章第二十四節。

注③：出自雅各書第四章第八節。

注④：出自哥林多後書第九章第七節。

注⑤：出自路加福音第六章第三十七節。

注⑥：出自馬太福音第七章第一節。

注⑦：出自路加福音第十五章第十八節。

注⑧：出自約珥書第二章第二十五節，《聖經》和合本譯文爲：「我打發到你們中間的大軍隊，就是蝗蟲、蝻子、螞蚱、剪蟲，那些年所吃的，我要補還你們。」

注⑨：出自約翰福音第十八章第三十七節，《聖經》和合本譯文爲：「我爲此而生，也爲此來到世間，特爲給眞理作見證。」

注⑩：出自瑪拉基書第三章第十節，《聖經》和合本譯文爲：「萬軍之耶和華說：你們要將當納的十分之一全然送入倉庫，使我家有糧，以此試試我，是否爲你們敞開天上的窗戶，傾福與你們，甚至無處可容。」

第九章

注①：出自美國博物學家、「自然文學之父」約翰·巴洛斯（John Burroughs）的詩作〈等待〉（*Waiting*）。

注②：出自馬太福音第二十五章第二十六節。

注③：出自歷代志下第二十章第十七節，《聖經》和合本譯文爲：「猶大和耶路撒冷人哪，這次你們不要爭戰，要擺陣站著，看耶和華爲你們施行拯救。不要恐懼，也不要驚惶。明日當出去迎敵，因爲耶和華與你們同在。」

注④：出自腓立比書第二章第十三節，《聖經》和合本譯文爲：「因爲你們立志行事，都是神在你們心裡運行，爲要成就他的美意。」

注⑤：出自羅馬書第十四章第二十三節。

注⑥：Maurice Maeterlinck，一八六二～一九四九年，比利時劇作家兼詩人。

注⑦：意思是，當神恐懼，就不再是神，而成了平凡的人。

注⑧：出自歷代志下第二十章第二十一節，《聖經》和合本譯文爲：「當稱謝耶和華，因祂的慈愛永遠長存。」

注⑨：出自羅馬書第六章第二十三節，《聖經》和合本譯文爲：「罪的工價乃是死。」

注⑩：本段文字應是出自天主教的〈聖三光榮頌〉，原始頌詞爲：「願光榮歸於父，及子及聖神，起初如何，今日亦然，直到永遠。阿們。」

注⑪：出自馬太福音第二十五章第一節，《聖經》和合本譯文爲：「主人說：『好，你這又良善又忠心的僕人，你在不多的事上有忠心，我要把許多事派你管理；可以進來享受你主人的快樂。』」

注①：出自約伯記第二十二章第二十八節。

注②：出自詩篇第七十八篇第四十一節，《聖經》和合本譯文爲：「他們再三試探神，惹動以色列的聖者。」

注③：出自以賽亞書第三十五章第一節，《聖經》和合本譯文爲：「曠野和乾旱之地必然歡喜；沙漠也必快樂；又像玫瑰開花。」

注④：出自馬太福音第六章第十一至十二節，《聖經》和合本譯文爲：「我們日用的飲食，今日賜給我們。免我們的債，如同我們免了人的債。」

注⑤：出自馬太福音第六章第十三節。

注⑥：出自馬太福音第十九章第二十六節。

注⑦：這裡的原文是realization is manifestation，realization除了「了解」「領悟」之外，還有「實現」的意思。

注⑧：出自雅各書第一章第六到七節，《聖經》和合本譯文爲：「那疑惑的人，就像海中的波浪，被風吹動翻騰。這樣的人不要想從主那裡得什麼。」

注⑨：出自以弗所書第六章第十三節，《聖經》和合本譯文爲：「並且成就了一切，還能站立得住。」

注⑩：出自十七世紀英國文學家約翰・彌爾頓（John Milton）的詩作〈失明〉（*On His Blindness*）。

注⑪：出自以賽亞書第六十章第二十二節，《聖經》和合本譯文爲：「我耶和華要按定期速成這事。」

注⑫：出自詩篇第三十七篇第五節和第七節，《聖經》和合本譯文爲：「當將你的事交託耶和華，並倚靠他，他就必成全。」「你當默然倚靠耶和華，耐性等候他。」

注⑬：出自約翰福音第十六章第二十三節，《聖經》和合本譯文爲：「你們若向父求什麼，他必因我的名賜給你們。」

注⑭：出自羅馬書第十二章第二節，《聖經》和合本譯文爲：「只要心意更新而變化。」

國家圖書館出版品預行編目資料

失落的幸福經典——影響千萬人的生命法則 / 佛羅倫絲・辛（Florence Scovel Shinn）著；賴佩霞 譯. -- 初版 -- 臺北市：方智，2010.03
192 面；14.8×20.8公分 --（方智叢書；189）
譯自：The game of life and how to play it
ISBN 978-986-175-184-9（平裝）
1. 成功法　2. 生活指導

177. 2　　98024421

The Eurasian Publishing Group 圓神出版事業機構　方智出版社 Fine Press

http://www.booklife.com.tw　reader@mail.eurasian.com.tw

方智叢書 189

失落的幸福經典——影響千萬人的生命法則

作　　者／佛羅倫絲・辛（Florence Scovel Shinn）
策畫審訂／李宜靜
譯　　者／賴佩霞
發 行 人／簡志忠
出 版 者／方智出版社股份有限公司
地　　址／台北市南京東路四段50號6樓之1
電　　話／（02）2579-6600・2579-8800・2570-3939
傳　　真／（02）2579-0338・2577-3220・2570-3636
郵撥帳號／13633081　方智出版社股份有限公司
總 編 輯／陳秋月
資深主編／賴良珠
責任編輯／黃淑雲
美術編輯／劉嘉慧
行銷企畫／吳幸芳・王軫鈞
印務統籌／林永潔
監　　印／高榮祥
校　　對／賴良珠・黃淑雲
排　　版／杜易蓉
經 銷 商／叩應股份有限公司
法律顧問／圓神出版事業機構法律顧問　蕭雄淋律師
印　　刷／祥峰印刷廠
2010年3月　初版
2024年5月　47刷

定價 240 元　ISBN 978-986-175-184-9　